KODANSHA SENSHO MÉTIER

講談社選書メチエ

カント『純粋理性批判』入門

黒崎政男

目次　カント『純粋理性批判』入門

プロローグ　1＋1はなぜ2なのか……5

カントのプロフィール……14

序章　すべての哲学が失敗した理由

1　「本当に在る」とはどういうことか……22

2　存在するとは知覚されることである
——実在論と観念論……31

3　感覚のうちになければ知性のうちにない
——経験論と合理論……35

1章　『純粋理性批判』の建築現場

1　導きの糸としての現象……50

2　沈黙の一〇年の苦闘
——『批判』成立前夜……55

3 伝統的な真理観
——理性・知性の優位……64
4 形而上学のすべての秘密を解く鍵……69

2章 『純粋理性批判』見学ツアー

1 形而上学とは何か
——序文……88
2 時間・空間とは何か
——超越論的感性論……101
3 真理とは何か
——超越論的分析論……114
4 カテゴリーこそ客観的認識の根拠である
——超越論的演繹論……122
5 理性そのもののうちに潜む錯誤
——超越論的弁証論……137

3章 『純粋理性批判』の動揺

A　カントの不安
1　ハイデッガーのカント解釈……143
2　感性と悟性の〈共通の根〉……153
3　イエナ期ヘーゲルの慧眼……163
B　理性の深淵
4　真理のダイナミックな性格……177
5　『純粋理性批判』から最晩年『オプス・ポストゥムム』へ……189
6　真理は本当に存在するか……195
エピローグ　カントの広さと深さ……202
索引……208

プロローグ——1＋1はなぜ2なのか

縮尺一分の一の地図

入門書は、解説しようとする本体との距離感こそ決定的に重要である。この距離感は、例えば地図の縮尺の問題をどう考えるか、ということに似ている。例えば〈東京〉という都市を知ろうとして、地図を作ることをもくろむ。東京全体を一枚の地図に書けば、東京という全体像はつかめるが、具体的に東京を探るにはほとんど役にたたない。

しかし逆に、微にいり細をうがって東京を描こうとすれば、縮尺はどんどん大きくなっていく。最も〈正確〉な地図とはどんなものだろう。極限までいけば、それは実物と同じ大きさを持つ地図となる。しかし、実物と同じ大きさの、縮尺一分の一の東京の地図というのは、地図としての意味を完全に失ってしまう。それなら実物そのものにあたったほうが早いからである。

『純粋理性批判』の入門書にも、さまざまな縮尺がありえる。この膨大で難解な書を、できるだけ精確に解説しようとして、結果的に一分の一縮尺を目指し、案内地図としての役割をかえって失ってしまうものもあれば、逆に地球儀の縮尺で東京を描くごとく、なんら具体性に触れずに終わってしまうものもある。

カントと付きあった三〇年

私は、カント（Immanuel Kant　一七二四―一八〇四）の『純粋理性批判』（Kritik der reinen Vernunft　一七八一／八七）とは約三〇年ほどの付きあいがある。昼夜の区別なく、寝食も忘れて夢中で付きあっていた時期もあれば、週に一度程度の付きあいだったり、また時にはしばらく音信不通になっていた時期もある。しかし、高校生のころに、自分は哲学という学問をやるのだと決心したのは、『純粋理性批判』に心をうばわれたからであったし、また、例えば、人工知能問題、生命倫理問題など、今日のさまざまな現代的諸問題を考える場合でも、私は知らず知らずのうちにカント的な発想の枠組みから出発している。

青春時代に徹底的に深く付きあってしまったカントは、私に完全にいわば「染みついて」いて、よくも悪くも、もうその発想パターンから生涯抜けだすことはできないのであろう。青春時代の付きあいが、例えばヘーゲルであったなら、あるいはアリストテレスやライプニッツであったなら、私のものの考え方の発想もかなり違ったものになっていただろうし、また現代をとらえる視点も違っていたと思う。

しかし、私はカントと出会ってしまったのであり、そこから逃れることはもうできないのだろう。

アポロ宇宙船はなぜ月に到着できるのか

ここで私とカントの『純粋理性批判』との出会いを記しておきたいと思う。私の若いころには、〈自我のめざめ〉とか〈反抗期〉という言葉がまだ流通していた。中学生ぐらいの年齢までは、親や教師の言うことに従順にしたがっていた子供が、〈自我〉が成立してくるとともに、これまでの常識や権威などに疑問を感じはじめ、社会に対して反抗を始める時期がだいたい高校生時代だ、というものであった。

今日では、この〈自我のめざめ〉なるものがいまだに存在しているのかどうか、私には判断がつかない。権威や常識がそもそも崩壊していて反抗すべき対象がなくなった、あるいはメディアの発達で、幼少時から膨大な情報に浸《ひた》され、時期が小中学の時代に早まった、さらにはそもそも自我などにめざめない、などいろいろ考えられる。しかしその当時は、まだなんとなく普遍的人間像なるものが信じられていて、人間は高校生にもなると〈自我〉が目覚めるものだ、と普通に考えられていた。

それはさておき、私は高校生になったころ、お決まりのように〈なんのために勉強するのか〉とか、〈なんのために生きているのか〉といった〈悩み〉に取りつかれ、意味の分からないものはしてはいけない、という一点の誠実さのゆえに、一切の高校の勉強を止めてしまった。当然のごとく成績はがた落ちで、〈不良〉とは言われないまでも、みごとに劣等生の仲間入りを果たしていた。

そんななかでも、ひとつだけ考えることがあった。なぜ1＋1は2なのだろうか？　この疑問は長い間私の心を占めていた（いる）。現代テクノロジーは、膨大で複雑な計算の上に成立している。そしてその計算は1＋1＝2であることを前提とし基礎としている。もし、1＋1がほんの少しでも2

とずれていたとしたら、それを基礎とした膨大な計算の結果は、大いにずれてしまうことになるのではないだろうか?

当時は、有人宇宙船のアポロ一一号が、初めて月面到着を果たした時期だった。地球と月の自転や公転を考えながら、ロケットをある方角に向けて発射すると、月の目的の地点にちゃんと到着することが高校生の私には不思議でならなかった。その計算は、複雑でトリックにしか思えない微分積分などを多用している。そしてその高等数学は、1+1=2であることを前提にしている。この1+1=2とか微分積分というのは、はたしていったいどんな権利で存在しているのだろうか?

これらは人間の頭が考えだした〈発明品〉のように思われるのだが、その人間が〈勝手に〉あみ出した発明品を複雑に駆使した計算の結果が、地球とか月とかといった宇宙の運行になぜぴったり合ってしまうのだろうか? だって、宇宙は人間が存在するはるか以前から確実に存在しているはずであり、人間の都合とはまったく無関係に独自に存在しているもののはずである。人間が、ある歴史的時点であみ出した算術や数学は、人間の頭の中にある〈知〉であるにすぎないはずなのに、それがなぜ宇宙という〈存在〉にぴったり合ってしまうのだろうか。

『純粋理性批判』の核心的問い

私は、数学の先生にこの疑問をぶつけてみた。「人間の頭で勝手に作ったように思われる微積などの数学を使うと、なぜ、宇宙の運行とぴったり合ってしまうのでしょうか?」「それだったら、高木《たかぎ》貞治《ていじ》の『解析概論』を読みなさい」と言われた私は、分厚い数学の専門書を買いこんでさっそく勇んで読んでみたが、私の疑問はまったく解けなかった。B・ラッセルの『数理哲学序説』には、1＋1＝2の基礎が書いてあると聞いては必死に挑戦してみたが、やはり的外《まとはず》れであった。

私のこの疑問は途方もなくおろかであり、なんら問うに値しないのか、と思いかけていたころ、『数学の哲学』という入門書に出会い、そこにカントという哲学者が、〈ア・プリオリな綜合判断はいかにして可能か〉という問いで、どうも私の考えている問題を考えているらしい、という感触をつかんだ。

私はこんどは高校二年生から始まった「倫理社会」の先生に、この問いを持っていった。「ああ、それは哲学の認識論の問いでしょう」と教えられ、私はこの時からカントの『純粋理性批判』の世界に入りこんでいくことになったのである。

私が素朴な形で考えていたあの問いは、カントにおいては、「主観的条件であるカテゴリーがいかにして客観的妥当性を有するか」という『純粋理性批判』のもっとも中核的な箇所、「カテゴリーの演繹《えんえき》論」のまさに中心主題であったということを明確な形でつかんだのは、カントを学びはじめてかなりたってからのことである。

こうして、私は高校生のころにどうしようもなく芽生《めば》えてしまった一つの疑問から、カントの『純粋理性批判』と出会うことになった。今になってみれば、私の問いは、〈存在と知〉をめぐる大きな哲学的テーマのひとつであり、それはプラトンでも、アリストテレスでも、ライプニッツでも、ヘーゲルでも、それぞれの仕方で考えられていた問いであることが分かる。しかし、私が出会ってしまったのはカントの『純粋理性批判』であり、その後の私の青春時代は、カントとの深い付きあいにほとんどの時間が費やされたのである。

その意味で私にとって『純粋理性批判』は、自分の生きる方向も、その後のものの考え方をも決定した書物となってしまった。

カントのパラドキシカルな主張

『純粋理性批判』が扱っているテーマは、実に膨大なものがある。空間／時間とは何か。自由と必然の関係はどうなっているのか。形而上学《けいじじょうがく》はいかにして可能か。神の存在証明は可能なのか、などなど。

これらのテーマを網羅《もうら》的に、しかもカントの叙述順にフォローしていくという手段を取るとしたなら、そんな解説書の目論見は最初から失敗を運命づけられている。その見えざる目標は縮尺一分の一の（無意味な）地図を作ることになってしまうからである。

そこで、本書は、網羅的であることへの誘惑を完全に断ちきり、徹頭徹尾、『純粋理性批判』の私にとっての魅力という視点からのみ、記述を進めることにした。その視点とは、一言で言えば〈客観的な認識とは何か〉というテーマである。私たちの認識が客観的であるとはどういうことか。つまり、カントの用語でいえば、〈超越論的真理〉とは何か、という問題である。

常識では、正しい認識とは、事物の姿を主観を交えずありのままに受けとること、と思われている。しかし、カントが『純粋理性批判』で明らかにしたのは、〈あるがままの事物〉をとらえられると考えるのはおろかな妄想にすぎず、認識は徹頭徹尾、主観的な条件で成立しており、そのことによってのみ、認識は客観性を有する、という主張なのである。つまり、素朴にありのままを認識しようとすれば、それは主観的なものとなり、逆に、世界は主観による構成物だと考えることで、初めて客観的認識が成立する、というパラドキシカルな主張こそ、『純粋理性批判』の根源的テーマなのである。

コペルニクス的転回

『純粋理性批判』の序文でカントは次のように述べている。

> これまでは人は、すべて私たちの認識は対象に従わなければならないと想定した。しかし、こうして私たちの認識を拡張しようとする試みは、この前提のもとではすべて潰《つい》え去ったのである。そこで、対象が私たちの認識に従わなければならないと私たちが想定することで、もっとうまくゆかないかどうかを、一度試みてみたらどうだろう。(B XVI)

これが、いわゆる認識論上の大転換となったとされるカントの〈コペルニクス的転回〉の主張である。しかし、一見したところ、きわめて奇妙な主張のようにも思える。対象に認識が従うとうまくいかず、逆に、認識のほうに対象が従うと考えるとうまくいく、というのは一体なにを言っているのだろうか。

例えば、私は今ここにコンピュータが存在していることを認識しているとする。ここにコンピュータが存在しているから、私にその認識が可能になる、と考えるのがまっとうである。しかし、カントのコペルニクス的転回は、私がコンピュータがある、と認識したから、ここにコンピュータが（初めて）存在する、と主張しているのだろうか。だとしたら、お腹がすいたから、ここにパンがあれば、と考えれば、ここにパンが存在することになる、という主張をしようとしているのだろうか。それはたんなる妄想というべきものではないだろうか。

ここには、いくつかの条件、例えば、時間空間の観念性、現象と物自体の区別、形相と質料の区別、など（これらも『純粋理性批判』の根本的主張である）が必要ではあるが、カントの『純粋理性批判』は、対象が認識に従う、という主張をつらぬき通す。しかも、こう考えることによってのみ、認識は初めて客観性を得る、とカントは主張しているのである。

本書は、カント『純粋理性批判』のこのパラドキシカルな主張を、丹念に解きほぐしていくことに費やされることになる。カントのこの主張が完全に成功しているのか、失敗と言わざるをえないのか、はひとまずおく。しかし、哲学史上、最大の金字塔とまで言われ、また、実にさまざまな哲学的潮流やブームをつらぬいて、現代にまで極めて深い影響力を持つ『純粋理性批判』のこの主張を理解しないうちは、さまざまな哲学的議論も、ほんのその表層しか理解しえないことも確かなことである。

では、『純粋理性批判』の世界に入りこんでいくことにしよう。まず頭のウォーミングアップから始めることにする。

一つめの問題は、〈本当にある〉とはどういうことなのか、つまり、〈在る〉から〈見える〉のか、それとも、〈見る〉から〈在る〉のか、という問題、哲学上では、実在論と観念論の対立と言われている問題。

もう一つは、知識の源泉はなにか、つまり、知識は経験や感覚によって得られるものなのか、それとも知性にもともとそなわっているのか、という問題、哲学上では経験論と合理論の対立の問題である。

この二つの対立軸のうちで、カントの『純粋理性批判』はどのような位置を占めることになるのかを織りまぜながら論じることにしよう。

カントのプロフィール

四五歳で大学の先生に

本論に入る前に、ごく簡単に本書の主人公イマヌエル・カントのプロフィールを紹介しておこう。

一七二四年四月、東プロイセンの首都ケーニヒスベルク（現在、ロシアのカリーニングラード）に生まれる。九人兄弟の第四子。父ヨハン・ゲオルク・カントは馬の革具職人。同時代人のヤハマンの伝記によれば、カントは「低い平民」の出とある。母アンナはカントが一三歳の時に死亡。女性に対する鋭い観察力は並々ならぬものがあったが／ので、カントは一生独身を通す。

さて、カントは一七四〇年、一六歳の時に、ケーニヒスベルク大学哲学部に入学。大学を卒業した後は、家庭教師や私講師をしたりしてきわめて貧しい生活を送った。しかし、処女作『活力測定考』（一七四九）をはじめ、多数の優れた著作・論文を発表している。

正式に大学に就職するのは、一七七〇年、四五歳になってからのことである。ケーニヒスベルク大学の論理学・形而上学の正教授に任命され、この時に書かれたのが、本書で何度も登場する、教授就任論文「感性界と知性界の形式と原理」である。この後、カントはいわゆる〈沈黙の一〇年〉に入り、一七八一年、カント五七歳で、『純粋理性批判』（第一版）を出版する。

一七八三年、『純粋理性批判』の入門書的性格を持つ『プロレゴメナ』を出版、一七八七年には『純粋理性批判』第二版を出版する。この翌年一七八八年に『実践理性批判』、一七九〇年に『判断力批判』を矢継ぎ早に出版。カントの三大批判書が出そろう。このころ、二度にわたって大学総長を務める。大学でのカントの評判はかなり高かった。

晩年は心身ともに衰弱し、一八〇四年、七九歳で老衰のため死去。最後の言葉は、「よろしい（Es ist gut.）」。

『純粋理性批判』第二版前後から死の直前まで、出版を目的に書きためられた草稿が、本入門書でも詳しく扱うことになる『オプス・ポストゥムム（遺作）』（一七八六―一八〇四）である。カント自身この草稿について、「この著作こそ、カント全哲学の要《かなめ》である」と述べている。カントの机の上に、ぎっしり書きつめられた一〇〇枚以上の二つ折り判の原稿が置いてあるのが晩年発見された。この膨大な手稿は、のちにルーンドルフ・ライケによって公にされ、アカデミー版カント全集の二一、二二巻に収められた。

他人の思想が理解できない

さて、どちらかというと、謹厳実直、偉大な聖人として祭りあげられることの多かったカントであるが、カントの死去直後に書かれた同時代人ヤハマンの伝記を見ると、従来作られてきたカント・イメージとはかなり異なるカント像が描かれている。弟子のヤハマンの伝記を参考にしながら、カントの人となりを簡単に紹介しておこう。

ヤハマンによれば、カントの講義は几帳面《きちょうめん》そのものであって、ヤハマンがカントの授業に出席した九年間に、一回も休講したことがないし、また、一五分の遅刻さえもなかった、ということである。確かにこのようなまじめな面はよく知られている。

ところで、カントはあまり読書家ではなかったらしい。蔵書は大したものではなかったし、新刊書は極めてわずかしか持たず、大部分は人にあげてしまった。一つには、カントは死んだ活字よりも生きた人間が丹念な研究対象だった、ということが理由としてあげられる。もう一つは、ヤハマンによれば「言葉の本来の意味で独創的な思索家だったカントは、一切を自分自身の内に見いだし、他人のうちに何かを見つけるという能力を失ってしまっていた」かららしい。

だから、カントの知性が「最高度に成熟して強力だった」批判期に、カントにとって何よりも困難だったのは、他人の体系の内へ入りこんで考えることであった。つまり、カントは、自分の思想が強烈すぎて、人の書いた思想を理解することができなかったのである。カントはよくこのことをまわりに告白し、友人たちには、とにかく、他人の哲学を自分に代わって読んでもらい、自分の哲学とどこが違うか要点だけを教えてほしい、と注文していた。

カントは八〇歳近くの長寿をまっとうしたが、身体はあまり頑丈とはいえなかった。顔は大変好ましい形をしていて、若い頃はすこぶる美貌だったらしいが、身長は一五〇センチ足らず、頭部が極端に大きく、胸は扁平ないし凹み、骨組みは極端に弱く、筋力にいたってはさらに薄弱だった。しかし、生涯、大きな病気をしたことはなかったらしい。

カントは、自分の精神や思想については、社交上ほとんど語らなかったし、むしろ故意に避けたらしいけれども、自分の身体については、実に多くを語り、自分の肉体上の感じや身体に起こった変化を一々友人に報告していた。

〈暗く生真面目なカント〉というイメージがあるが、気質は生来陽気なほうで、明るい性格だったらしい。社交好きで、極めて機智に富んでいて、軽妙で、おかしみがあって、かつ内容は意味深長だった。それは「晴天に走る稲妻」のようだったとヤハマンは述べている。カントは好んで友人たちを食事に招待している。カント自身『人間学』で「一人で食事をすることは、哲学する学者にとって不健康である」と述べている。

多くの伝記者の証言を信じれば、カントは中年になってから結婚について考えたことが少なくとも二、三度あった。最初に「若い、美しい、淑《しと》やかな」未亡人に思いを寄せ、次にヴェストファーレンから一貴婦人のお供をしてきた若い乙女に思いを寄せた。カントが例のごとく自分の収支をよく計算してからでなければ結婚の申し込みをすべきでないと考えて躊躇《ちゅうちょ》しているうちに、未亡人のほうは素早く承諾を求めたある人と結婚してしまい、若い娘のほうも再び旅立ってしまった、ということである。

ヤハマンによれば、カントは「高齢に達してもなお女性の美と魅力に対する感受性を失わず」、七〇歳をすぎてもなお、知人の長男の許嫁《いいなずけ》のA嬢をことのほか好ましく思い、食事のときにはいつも自分の隣に席をとってくれるよう懇願した、ということである。

カントの墓碑には「ますます新たな、いや増す感嘆と崇敬とをもって心を満たす二つのものがある。わが上なる星輝く空とわが内なる道徳律とである」という『実践理性批判』のとても立派な言葉が刻まれている。これは確かにカントの一面である。しかし、哲学史上、不滅の金字塔と言われる『純粋理性批判』は、カントのきわめて人間的な営みのなかから生《お》い育ってきたものであることも確かなことである。

本書のテキストについて

ここでカントのテキストについて述べておく。最も基本となるものが、一九〇〇年からベルリンで刊行が始まり、いまだ刊行中で完結をみていないアカデミー版カント全集（Kant's gesammelte Schriften, Herausgegeben von der Königlich Preußischen Akademie der Wissenschaften）である。I巻からIX巻までが著作、X巻からXIII巻が往復書簡、XIV巻からXXIII巻までが手書きの遺稿、XXIV巻からXXIX巻までが講義録。目下、膨大な講義録が続々刊行中である。

このうち著作部分の全九巻が、ヴァルター・デ・グリュイター出版からペーパーバックの普及版で発刊されていて、普通の研究者は多くこのペーパーバック版を所有している。

ところが、このアカデミー版は、ドイツ語特有の亀の子文字なので、慣れないと読みにくい。そこでカント研究で通常使用されるのが、緑の表紙で有名なフェリックス・マイナー出版から発刊されているPhilosophische Bibliothek版（哲学文庫版）である。特に、第一版（A版、一七八一）と第二版（B版、一七八七）が存在する『純粋理性批判』に関しては、その両版の異同が視覚的に直接わかるように工夫されているこの「哲学文庫版」が圧倒的に便利であり、『純粋理性批判』の原書（ドイツ語版）が必要な場合には、この緑の哲学文庫版をお勧めする。

日本語翻訳版に関していえば、戦前の一九二六年（大正一五）から始まる岩波書店版『カント著作集』（全一八巻）があり、また戦後では、一九六五年（昭和四〇）から始まる理想社版『カント全集』（全一八巻）がある。さらに、二〇〇〇年（平成一二）から、新たに岩波書店から『カント全集』（全二二巻）が続々刊行中である。これらでほぼカント著作の全体像を知ることができる。現在では、理想社版と新岩波書店版が入手可能である。

さて『純粋理性批判』の日本語訳であるが、最も伝統的な天野貞祐訳（講談社学術文庫版）をはじめ、高峯一愚訳（河出書房新社版）、原佑訳（理想社版カント全集）と篠田英雄訳（岩波文庫版）などが入手可能である。本書でも『純粋理性批判』の訳出に当たっては、原、篠田訳を中心に、天野、高峯訳を随時参照させていただいた。先達の大きな業績に感謝したい。

さて、テキスト箇所の表示であるが、『純粋理性批判』だけは慣例にしたがって、第一版は、例えば（A133）のように、第二版は（B234）のように表記する。（A133）というのは、一七八一年に刊行された『純粋理性批判』の原版のページ数を表していて、哲学の世界では、単に、例えば、（B234）と表記されているだけで、これはカント『純粋理性批判』の第二版のあの箇所のことを示している、ということがわかることになっている。

『純粋理性批判』以外の著作に関しては、アカデミー版カント全集の巻数とページで表記する。「七〇年論文」はアカデミー版の第二巻三八五—四二〇ページに収められているので、例えば、(Aka. II. 390)などと表記することとする。

序章 すべての哲学が失敗した理由

ベッカーによるカントの肖像

1 「本当に在る」とはどういうことか

犬笛のふしぎ

私たちが、本当に在ると思っているもの。例えば、緑の木々や光りかがやく太陽や、青い空。森の小鳥のささやきと静けさ。私たちの通常の構えにおいては、これらは、私たちと無関係にまずちゃんと実在していて、だから、私たちはそれらを見たり、聞いたりすることができる、という風に考えている。

つまり、体調が崩れていたり、アルコールや薬物などに冒されていなければ、私たちは世界をあるがままに見ることができるのであり、虚心に心と眼を澄ませば、あるがままの実在に私たちは接することができる、とこう考えているわけである。そして、これが常識の基本的考え方、といっていいだろう。

しかし、このような素朴な実在観は、ほんの少しの考察で、もろくも崩れさることは明らかである。

例えば、犬笛《いぬぶえ》という笛がある。人間の可聴周波数の上限は二万ヘルツと言われているが、犬の可聴範囲はそれより広く、犬は私たちの聞こえない高い周波数を音として聞くことができる。この犬笛はその周波数で鳴るもので、したがって人間には聞こえないが、犬にだけは聞こえる笛なのである。

私が、ある晴れた日の昼下がりに、高原でゆったりとした時間をすごしているとしよう。緑の木々に囲まれ、柔らかい太陽の光のなかで、かすかに小鳥のさえずりだけが聞こえている。ああ、世界はなんと穏やかで静かなことだろう、と私は思う。

この場合、私たちは、私だけが緑の木を見、私だけが太陽の光を感じ、私だけが静けさを感じているのだ、と考えることはないだろう。木が緑だから、私は（そして他の存在者も）木が緑だと感じ、世界が静かだから、私は（そして他の存在者も）世界は静かだ、と感じている、ということを当然のように前提しているだろう。

だが、隣にいる犬は妙にそわそわして落ちつかない。それが、実は隣の子供が犬笛で遊んでいるからだとしてみよう。この時、世界は静かなのだろうか？　それとも騒がしいのだろうか？　私にとっては、静けさに満ちている世界、その〈同じ〉世界が隣の犬にとっては、騒がしい世界だとしたら、どちらかが間違っているのだろうか。

さらに想像してみよう。この犬に色を識別する力がなく、私にはあんなにきれいに見えている木々の緑が、この犬には灰色にしか見えなかったとしよう。素朴に考えればこうなる。犬は色を識別できないから木が灰色に見えるのか。かわいそうに。木の色は本当は緑なのに。

しかし、さらに想像してみよう。私たちの眼は、紫外線と赤外線の間の領域を色として感じることができる。しかし、赤外線を色として感じることのできる生物が存在している（ちょうど、音の場合の犬のように）とすれば、彼らは、私たちに向かってこう呟《つぶや》くだろう。かわいそうに。人間には木は緑に見えるのか。本当は○色なのに。

さて、では、この三者のうち、誰が世界をあるがままに感じているのだろうか？　犬も、私たち人間も、そして赤外線可視生物も、それぞれが、自分たちの感じている世界こそ、世界そのもののあり方だ、と主張するに違いない。

だとすれば、世界そのものが三様のあり方をしていることになる。〈同じ〉世界が、実はまったく違う世界だとしたら。さて、「本当に在る」とはどういうことか、に対する哲学的考察は、こんなところから始まると言っていいだろう。

リアルだと考えていた世界。世界が緑だから、世界は緑に見える。このような実在観は、通常、哲学の世界では、「素朴実在論」と呼ばれている。しかし、見る側の条件によって世界のあり方そのものが変化するのだとしたら、世界は、本当に、私たちに先だってリアルに存在しているのだろうか。

今あげた例は、直接的には感覚器官との関係で「実在」の問題を考えることである。今日では、視覚や聴覚、触覚で直接確かめることのできる感覚に対応したものを〈リアル〉という傾向が強い。感覚こそリアルの根源だ、という考え方は近世以降、特にイギリス経験論などで主張されたものだが、古代の懐疑論では、逆に感覚は誤るというのが基本的発想でもあった。また、プラトン的世界観なら、この感覚的世界よりイデア界がリアルだし、宗教的な発想においても、基本的にはこの感覚的世界はリアルなものではない。

あるいは、現時点で支配的な科学的パラダイムによって提示される世界像こそリアルである、と考えられることもある。古代から時代ごとにそのパラダイムは変化してきているが、今日流通している科学的パラダイムの内で〈実在〉とされているものも、長い目でみれば、万物流転《ばんぶつるてん》の相のうちにある、といってよいだろう。

このように少しでも立ちどまって考えてみるならば、リアルとか〈本当に在る〉といったものは、素朴な実感によっては捉《とら》えつくせないものであることが分かる。

『純粋理性批判』のラディカリズム

さて、今述べた〈感覚〉の相対性、つまり、感覚は限定されているから、本当のものそのものを把《は》握《あく》することができない、という考えは、カントの『純粋理性批判』の骨子《こっし》となるものなのだろうか。実は、これはカントの認識の理論のまだほんの入り口にすぎない。

〈感覚の相対性〉という発想では、次のように考えがちである。まず、ものはそのものとしてきちんと実在しているが、私たちの感覚が制限されているから、人間には不完全な認識しか可能ではないのだ、と。

しかしこれでは、「〈客観的実在〉を把握しえない〈主観的認識〉」という発想に陥《おちい》ってしまう。感覚の制限をうちやぶって、実在そのものにいかにして近づくか――こう述べると、まっとうで正しい考えのように思われるが、『純粋理性批判』は、まさにこうした考えは間違いである、と強く主張するのである。もう一度、コペルニクス的転回のカントの言葉を思い出してみよう。

これまでは人は、すべて私たちの認識は対象に従わなければならないと想定した。(B XVI)

つまり、人々は、もの(対象)がまず存在していて、それについて、認識は後からやってきて成立するものだ、と考えていた。しかし、客観的実在がまず存在していて、それにいかにして認識が追いつくのか、という発想をとったのでは、「これまでの形而上学はすべて失敗してきた」とカントが強く主張しているように、それではダメなのである。では、どう考えようというのか。「認識が対象に従う」のではなくて、先に述べたように「対象が認識に従う」というのは、いったいどういうことを意味しているのだろうか。

次章で詳しく見ることになるが、カントは「〈客観的実在〉を把握しえない〈主観的認識〉」という発想を最初から逃れていたわけではない。それどころか、カント自身も、『純粋理性批判』成立前夜では、まさにこのような発想をとっていたのである。『純粋理性批判』に先立つ一〇年前の論文「感性界と知性界の形式と原理」においては、感性的認識は、主観の個別的な性質に依存し、主観的、個別的なものである(Aka. II. 392を参照)と明確に述べていることからもわかる。そして、『純粋理性批判』は、まさにこのような発想から逃れ、「対象が認識に従う」という視点を確立することで、初めて成立してくるものなのである。

少し先走りになるかもしれないが、全体をあらかじめ見通すために、『純粋理性批判』の決定的な成果とも言える結論的な記述を見ておこう。

「経験」と「対象」とは同時に成立する

『純粋理性批判』において、重要でキーとなる記述は数多くあるが、そのうちでも、もっとも重要な思索は、

> 経験の可能性の条件が、同時に、経験の対象の可能性の条件である。（A158＝B197）

というものである。言うところを簡単に解説しておけば、私たちの経験、これは、認識のことを指していると考えてよいが、この経験が可能となるためにはいくつかの条件がある。

例えば、空間・時間はものが存在するための形式ではなく、私たちの直観の形式であること。「原因と結果」などの因果《いんが》律《りつ》は、ものの存在様式ではなく、私たちの主観的なカテゴリーの側に属している、などなど。これらの条件によって私たちの経験は成立するのだが、私たちの経験、〈認識〉が成り立つことと、その〈認識の対象〉、つまりものが成立してくることとは同時的事態である、とカントは主張しているのである。

この主張こそ、従来の、観念論対実在論、経験論対合理論などの対立を乗りこえるカントの核心的

主張である。この主張を徹底的に理解することに、本書のエネルギーはそそぎ込まれることになるだろう。

哲学がすべて失敗したのはなぜか

さて、この「経験の可能性の条件が、同時に、経験の対象の可能性の条件である」という主張は、カントにおける〈コペルニクス的転回〉と呼ばれている発想の最終的な帰結であるとも言える。さきほども触れたが、カントは、『純粋理性批判』の序文で、コペルニクス的転回について、次のように述べている。

「これまでは人は、すべて私たちの認識は対象に従わなければならないと想定した」。（B XVI）つまり、人々は、もの（対象）がまず存在していて、それについて、認識は後からやってきて成立するものだ、と考えていた。しかし、この立場をとってきたために、これまでの哲学はすべて失敗してきたのだ、とカントは述べる。そして、この立場に代わって、カントは次のように提案する。

> だから、対象が私たちの認識に従わなければならないと私たちが想定することで、もっとうまくゆかないかどうかを、一度試みてみたらどうだろう。（同）

つまり、対象に私たちの認識を合わせるのではなく、私たちの認識に、対象のあり方を従わせよう、という提案である。この理由として、カントは次の二点を述べる。

(1)「直観がその対象の性質に従わなければならないなら、私には、いかにして人はその対象についてなにものかをア・プリオリに知りうるのかがわからない。しかしその対象が私たちの直観能力の性質に従うなら、私はこうした可能性をまったくよく思い浮かべることができる」。(同)

(2) さらに、直観が認識となるべきときには、「この規定をなしとげる諸概念もまたその対象に従うと(これまでの人々は)想定する」が、これでは「同じ当惑におちいる」。したがって、「悟性の規則は、ア・プリオリな諸概念としてあらわされるものであって、経験のすべての対象は、これらのア・プリオリな諸概念に必然的に従い、それらと一致しなければならない」。(同)

そして、序文での結論は次のようになる。

私たちが思考法の変革された方法として想定するところのもの、つまり、私たちが物についてア・プリオリに認識するのは、私たち自身がそのうちへと置きいれるものだけである。(B XVIII)

これが、カントの言う〈コペルニクス的転回〉の記述である。この発想が可能になるためには、さまざまな前提が必要とされるが、そのうちでももっとも重要な前提が、〈物自体〉と〈現象〉との峻《しゅん》別《べつ》、という発想である。私たちの認識が関わるのは、〈物自体〉ではなく、私たちの感性と悟性とが成立させる〈現象〉であり、まさにそれゆえに、現象の認識は、客観的妥当性を主張しえるものとなるのである。

つまり、誤解をおそれず、カントの基本的立場をラフに述べれば次のようになる。

一、主観が世界を成立させる。
一、その世界は物自体の世界ではなくて、現象の世界である。
一、現象の認識は客観的だが、物自体についての認識は主観的なものにすぎない。

この一見パラドキシカルに見える発想が、どのようにして可能となるのかについて、『純粋理性批判』の全思考が費やされたのである。

2　存在するとは知覚されることである――実在論と観念論

そこに山があるから見えるのか

ところで、カントが『純粋理性批判』（一七八一）を出版したとき、世間の誤解や反論は、まさにこのパラドキシカルな構造についてのものだった。

当時の代表的な理解は、『ゲッティンゲン学報』（一七八二・一）にのった匿名《とくめい》の『純粋理性批判』批評だった。この〈無理解〉に対してカントは、『プロレゴメナ』（一七八三）で次のように言っている。

この評者は、私の従事した（成功したか失敗したかはともかくとして）研究〔筆者注、『純粋理性批判』のこと〕において、本来何が問題であるのかを、まったく洞察していないように思われる。……この評者は、著者〔筆者注、カントのこと〕にとって不利になるように次のように述べている。「この著作は、超越的観念論の体系である」。……しかし、わたしの理論は、これまでの観念論とは正反対のものであり、まったく独特の種類のものである。（『プロレゴメナ』付録、Aka. IV. 373）

カントはここで、これまでの〈観念論〉と自説はまったく正反対のものだと述べている。

さてここでは、少し観念論というものについて考えておこう。

〈観念論〉に対立する立場は〈実在論〉である。この〈観念論対実在論〉は、物があるということとそれを知ること、言いかえれば、存在と認識に関わる対《つい》概念である。誤解を恐れずラフに表現すれば、次のようになる。

物があるから、見える。（＝実在論的発想）

物を見るから、存在する。（＝観念論的発想）

健全な人間は（少なくとも初めは）実在論的発想をする。例えば、こうなる。「そこに山があるから、見えるのだ。山がないところを、どんなにいっしょうけんめい見ても、山が見えるわけがない」。きわめて健全なこの発想は、哲学史上ではしばしば〈素朴実在論〉と呼ばれたりする。一方、「不健全な」観念論の例としてイギリスの哲学者、G・バークリー（一六八五—一七五三）は、次のように言う。

存在するとは、知覚されることである（esse is percipi）。（バークリー『人知原理論』第三節）

バークリーによれば、山があるのは私がそれを知覚するからで、知覚しなければ山は存在しない、ことになる。彼の言うところを『人知原理論』(一七一〇/三四)でもう少し詳しく見てみよう。このバークリーの著作は、近代の観念論の立場を大胆に主張した古典的名著である。

家や山や川、つまりすべての感覚できる対象が(知性によってその存在を知覚される、というのとは別個に)自然に、真に存在している、という説は、人々のあいだに奇妙にも流布している考えである。(同第四節)

カントは困難をどう解決したか

つまり、山や川や家などが、自然に実在していると考えるのは奇妙である、とバークリーは主張している。

しかしながら、この原理がどんなに多くの信憑性《しんぴょうせい》と了解をもって世間の人々に受けいれられていようとも、一度、胸に手を当ててじっくり考えてほしい。そうすれば、(もし、私の考えが間違っていなければ)誰でもこの原理が明々白々たる矛盾を含むことが理解できるだろう。(同)

そもそも真理のなかには、心にきわめて身近であり、また、あまりにも明白なので、この真理を悟るためには、ただ眼を開きさえすればよい、というものがいくつかある。そして私は、次の重要な真理はこの種類のものであると考える。それは、ほかでもない。天の群れと地の備えの一切、つまり世界という巨大な作りを構成するすべての物体は、心の外には存在しない。すなわち、物体が在るということは知覚されること、知られることである。従って、物体が私によって現実に知覚されないとき、換言すれば私の心に存在しないとき、それらの物体はまったく存在しない。(同第六節)

これが観念論の代表者バークリーの意見である。カントが〈主観が現象の世界を成立させる〉と考えたとき、ともすれば、バークリー的観念論に陥ってしまう。そして案の定、『ゲッティンゲン学報』に見られるように、世間の理解はそのようなものだった。なにしろ、一番の危険性はこのような立場をとると「私たちは、いかなる客観とも全然連関しない諸表象の戯れをもつだけとなる」(A194＝B239)ように思われるからである。

では、カントはこの困難をどのように解決しようとしたのだろうか。カントの主張が従来の観念論と異なるのは、主観が世界を成立させるゆえに、現象の認識は客観的である、という点にある。これがバークリー的観念論に陥らないためには、さらにどんな発想がカントには必要だったのだろうか。

3 感覚のうちになければ知性のうちにない——経験論と合理論

キーワードとしての感性と悟性

前節で見たように、『純粋理性批判』のコペルニクス的転回の発想が可能だったのは、カントの次のような考えによる。私たちの認識の対象は、物自体ではなくて、現象であり、そのことゆえに認識は客観的なものとなる。

とすれば、カントの『純粋理性批判』において、もっとも重要で解明されるべきは〈現象〉という概念である。次の章では、カントの現象概念を徹底的に論じてみよう。

だが、その前にまたもやウォーミングアップが必要である。カントの現象概念は、感性と悟性（知性）というまったく相異なる二つの要素が深くかかわっている。この点についてあらかじめ、『純粋理性批判』の決定的に重要な個所を示しておこう。

> 内容なき思惟は空虚であり、概念なき直観は盲目である。悟性はなにものをも直観しえないし、また感性はなにものをも思惟できない。感性と悟性とが合一してのみ、認識は初めて成立するのである。（A51 = B75）

われわれの全ての認識が経験と共に（mit der Erfahrung）始まることには疑いはない。……しかしだからといって、われわれの認識がすべて経験から（aus der Erfahrung）生じるわけではない。（B1）

ここでカントは、概念と直観、悟性と感性の両者の合一によって、認識が初めて成立すると述べている。さらに、具体的な経験に出会うことが重要であるが、認識は単に経験から成立するのでもない、と述べている。

このようなカントの発言は、みずからその統合をめざした、従来の経験論的発想と合理論的発想の対立を意識している。経験論的発想は、認識は感覚から受けとる具体的な内容から成立すると考え、合理論的発想は、感覚からではなく、あらかじめそなわった知性の力こそ、真の認識の源泉と考えている。

では、経験論的発想と合理論的発想の対立とは、いったいどんなものなのだろうか。

ここでは、哲学史における有名な経験論的命題、「感覚のうちになかったものは知性のうちにはない」（nihil est in intellectu, quod non prius fuerit in sensu）、を取りあげ、これをめぐる近世哲学における論争を検討することで、カントの目指した〈統合〉を理解する準備とすることにしよう。

ロックの経験論的発想

カントに先だって、近代認識論の祖と言われ、またイギリス経験論の祖とも言われているJ・ロック（一六三二―一七〇四）は、その主著『人間知性論』（一六九〇）の第二巻一章で次のように述べている。

1、私は知っているが、人々は生まれつきの観念を持ち、そもそも生まれる初めに心へ捺印《なついん》された本原的刻印を持つというのが、広く認められた学説である。この説を私はすでに〔心に生得の観念は存在しないことを主張しつつ〕くわしく検討しておいた。……

2、そこで、心は言ってみれば文字をまったく欠いた白紙（tabla rasa）で、観念はすこしもないと想定しよう。どのようにして心は観念を備えるようになるのか。……これに対して、私は一語で経験からと答える。この経験に私たちのいっさいの知識は根底をもち、この経験からいっさいの知識は究極的に由来する。（訳出にあたっては、大槻春彦訳、岩波文庫〔一〕、一三三頁以下を大いに参照させていただいた）

このロックの論述には、通常、経験主義と呼ばれる発想が明確に表現されている。われわれの心は、初めはまったくの白紙であり、後にわれわれの心に存するようになるいっさいのものは、すべて経験からやってくる、というものである。

私たちの認識や知識は、すべて経験、つまり、感覚を通して外部からやってくるものであり、心は最初はなにも書かれていない白紙のようなものである、というのが、経験論の基本的な発想である。つまり、知性は、すべて感覚から取りいれたものからなっている（=「感覚のうちになかったものは知性のうちにはない」）というわけである。

ライプニッツの合理論的発想

ロックも述べているように、この説は、〈人々は、そもそも生まれる初めに心へ捺印された本原的刻印をもつ〉という「広く認められた学説」に反対して提出されたものだから、このロックの書が広く読まれるようになれば、対立側からの反論を呼びおこすことになる。

ここでは、その代表例として、ドイツの哲学者、G・ライプニッツ（一六四六—一七一六）の考察を見ることにしよう。

ライプニッツは、ロックの『人間知性論』について注釈的に論じた『人間知性新論』（一七〇三／六五）で、ロックの学説に多くの点で賛同を示しながらも、「彼の学説はアリストテレスに近く、私の説はプラトンに近い」と表明し、二人の間の相違を次のようにまとめている。

我々〔ロックとライプニッツ〕の間での意見の相違は、かなり重要な諸問題についてである。それは次の諸点に関わる。即《すなわ》ち、心はそれ自体では、アリストテレスやロック氏の言うように、まだ何も書かれていない板のように全く白紙なのかどうか。そして心に記される一切のものは専《もつぱ》ら感覚と経験とに由来するのかどうか。それとも、心はもともと多くの概念や教説の諸原理を宿しており、機会に応じて外的対象がそれらを呼び出すのかどうか。私〔ライプニッツ〕は、プラトンやスコラと共に、後者の説を信じている。（訳出にあたっては、米山優訳、みすず書房、四頁を大いに参照させていただいた）

つまり、ライプニッツは、「我々の知識は、すべて感覚を通してやって来るものから成立する」というロックの経験論的発想に対して、「タブラ・ラサなどというのは虚構でしかない」と考え、知識は、決して外部の感覚から得られたもののからのみ成っているではない、と主張する。ライプニッツは、心がもともと「多くの概念や教説の諸原理」を経験に先だって有していると考えるわけである。経験に先立って、心にはあらかじめ何らかの概念や原理がそなわっているからこそ、認識が成立する、と考える発想を、ここでは合理論的発想と呼ぶことにしよう。

心には、存在とか、同一とか、原因とか、推論などという概念が存しているが、これらは感覚が与えうるものではない、とライプニッツなどの合理論は主張する。すでにそれらが心にそなわっているからこそ、感覚に与えられるものが単なる混沌ではないものとして理解される、という発想である。この発想の根底には、感覚は事例、即ち特殊的ないし個別的真理をもたらすにすぎない。ところで、一般的真理を裏書きするすべての事例は、どんなにその数が多くとも、この真理の普遍的必然性をうち立てるに十分ではない。（同五頁）

という思想が横たわっており、普遍性や必然性は感覚や個別的経験からは得られないという思想は、西洋哲学を貫く根本的な発想法の一つを形づくっている。

〈我々が何物かを認識する〉というとき、概して、その情報は外からやってくる、と考えがちだが、それを知識として受けとる我々の側に、あらかじめなんらかの構造がなければ、それらの情報は単なる「感覚のラプソディー」に留《とど》まってしまい、なんら確実な知識を形成しえない、ということである。

例えば、「カラスは黒い」という命題の確実性は、確かめるカラスの数を増やせば、高まる傾向にある。しかし、「三角形の内角の和は二直角である」という命題の確実性は、多くの三角形を実際に調べた結果高まっていくとは考えにくい。経験論の発想にしたがって、すべての知識は感覚から来ると考えると、「カラスは黒い」と「三角形の内角の和は二直角である」という命題の確実性の差を説明することはできないだろう。

結局、ライプニッツは、経験論の命題に但し書きをつけ、感覚のうちになかったものは知性のうちにはない、但し、知性そのものを除いては（nisi intellectus ipse）。（同七五頁）

と語った。つまり、確かに感覚からさまざまな経験を得ることは必要であるが、しかし、知性にはもともと本有的な観念、例えば、存在、一性、持続などの知性的観念はそなわっている、という立場を表明したことになる。

簡単にまとめておけば、知識は感覚や感性を通して外部から得られるものだと考え、経験を重視する立場は経験論とよばれ、逆に、感覚や感性より、もともと心にそなわっている知性による認識こそ重要であり、感覚や感性による認識は程度の低いものだとする立場が、合理論と呼ばれることになる。

両者の統合としてのカント

さて、ではカントは、経験論—合理論問題に対して、どのような立場をとることになるのだろうか。カントは『純粋理性批判』で、次のように述べている。

ライプニッツは現象を知性化したが、ロックは悟性（知性）概念をすべて感覚化した。〔カント

> の立場からすると」悟性（知性）と感性とは、それぞれ表象を生じさせる二つのまったく異なる源泉であり、しかも、この両者が合一してのみ、物に関して客観的に妥当する判断をなし得るのである。ところがこの二人の偉大な哲学者は、いずれもこのことに思いをいたさず、これらの表象源泉のうちいずれか一方のみに固執《こしつ》し、他方の源泉は、それぞれ、前者を混雑させるか整頓《せいとん》するにすぎないと考えた。知性を重要だと考えたライプニッツも、感性が重要だと考えたロックも、それらは直接、物自体を把握できると考えていた。（A271＝B327）

つまり、カントによれば、ロックは、悟性（知性）の純粋概念は、「経験において見いだされると考えて、これらの概念を経験から導出した」（B127）が、これはあやまりである。そうだとすると客観的根拠を形作るはずの純粋概念は、まったく偶然的なものとなってしまうからである。

またライプニッツは、知性が有する概念だけが重要であると考え、「感性的直観は根本的なものとみなさず、感性はものを表象する混雑した仕方である」（A270＝B326）と考えたが、カントによれば、感性は、客観的認識が成立するために不可欠の要素なのである。

この記述からも分かるように、カント『純粋理性批判』の目指すところは、経験論と合理論の両者を乗りこえ、あらたな（超越論的）立場を確立することにある。

最初にあげた記述「われわれの全ての認識が経験と共に始まることには疑いはないが、われわれの認識がすべて経験から生じるわけではない」とか、「感性と悟性とが合一してのみ、認識は初めて成立する」とかいったカントの表明は、このように、まずは、経験論と合理論との対立という視点から理解されておくべきだろう。

さて、この序章で、カントの『純粋理性批判』のおおまかな位置づけを理解していただいたと思う。では、いよいよ『純粋理性批判』の世界に入っていくことにしよう。そしてまずは、『純粋理性批判』の根幹を理解するために、そのもっとも重要だと思われる〈現象〉概念を説明していくことにしよう。

1章 『純粋理性批判』の建築現場

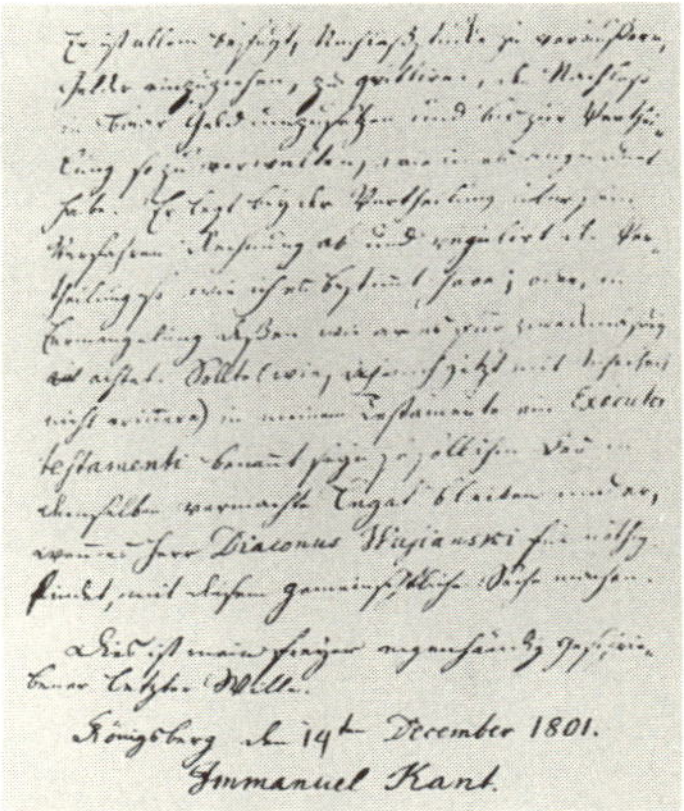
Königsberg d. 14t December 1801.
Immanuel Kant.

カント晩年の筆跡

九〇〇ページの大著

『純粋理性批判』は、一見、きわめて堅固で壮大な建築物のように見える。記述も、カント本人はていねいに分かりやすく書いているつもりなのかもしれないが、今日の私たちが、なんらの予備知識もなしに冒頭から読みすすんでいっても、ほとんど何を言っているのか分からないだろう。また、そもそも何を目指して書かれているのかも、ほとんど理解しがたい。

ここで、『純粋理性批判』の全体像を示してみよう。

序文（Vorrede）
序論（Einleitung）
I　超越論的原理論（Die transzendentale Elementarlehre）
　第一部門　超越論的感性論（Die transzendentale Ästhetik）
　　第一節　空間論（Vom Raume）
　　第二節　時間論（Von der Zeit）
　第二部門　超越論的論理学（Die transzendentale Logik）
　　第一部　超越論的分析論（Die transzendentale Analytik）
　　第二部　超越論的弁証論（Die transzendentale Dialektik）
II　超越論的方法論（Die transzendentale Methodenlehre）

長さは、オリジナルのドイツ語で、約九〇〇ページ。日本語の翻訳では、だいたい文庫本で上・中・下の三冊という、きわめて大きな書物である。そして、五〇歳をすぎてから書かれた『純粋理性批判』が、最初からカント自身のうちに、このような壮大な建築物の形で構想されていたわけではなかった。

例えば、ヘーゲルの『精神現象学』（一八〇七）は、『純粋理性批判』と並ぶ難解な書として有名であるが、あれは、思索を仕上げていく過程そのものが記述されていると言っていい。感覚的確信の段階から、知覚の段階へ、そして悟性的段階と、みずからを否定しながら〈知〉が遍歴する姿は、確かに読みやすいとは言えないが、そのダイナミックな動きゆえに、読者もヘーゲルの思索のいわば〈追体験〉をすることができる。

ところが、『純粋理性批判』は、いわば完成態の提示という記述方式である。例えば、「超越論的感性論」においては、時間・空間が、人間の直観形式であること、「超越論的分析論」においては、一二個のカテゴリー（純粋悟性概念）が経験を初めて成立させる条件だと述べられる。例えば、なぜ時間・空間が、ものが存在するための条件ではなくて、人間の側の直観の形式なのか。カントは一生懸命に説明しているつもりなのだが、多くの語られざる前提のもとにカントは話を進めてしまっている。

カントが当然だと思って語らずに前提している考え。これが理解できないことには、読者にはカントの語っていることが、なにがなんだか分からないはずである。そして、これらのカントの前提は、昔からカントのなかに在ったわけではなく、カントが思索の結果、〈獲得〉してきた思想のはずであることもまた明らかである。

沈黙の一〇年をさぐる

カントが『純粋理性批判』を構築していくドキュメントは、残念ながら明確な形では残されていない。

しかし、なぜ、時間・空間が人間の直観形式とされたのか。なぜ、カテゴリーは直観と結びついて、認識を成立させる条件となるにいたったのか。これらのカントの思索の跡を追うことができれば、『純粋理性批判』ははるかに理解しやすい書物となることだろう。

そこで、本書では、『純粋理性批判』の壮大な建築物に入っていく前に、『純粋理性批判』のいわば建築現場、その設計プランの段階をじっくり調べてみたいと思う。

そんなことがなぜ可能なのか。カントには、『純粋理性批判』を書きあげる前に、ほとんど著作らしい著作を残さなかった〈沈黙の一〇年〉の時期がある。カント自身は、『純粋理性批判』を数ヵ月で一気に書きあげた、と豪語しているが、それは深く長い沈黙の思索の結果であることは明らかである。さて、ではどうやって、この沈黙の一〇年の思索の格闘を私たちは知ることができるのか？　方策はある。まず、

一、沈黙の一〇年の直前のカントの重要な著作は、一七七〇年の教授就職論文「感性界と知性界の形式と原理」（以下「七〇年論文」）である。ここでのカントの思想的立場と、一〇年後の『純粋理性批判』の立場を比較することによって、沈黙の一〇年になにが変わったのかを間接的に知ることができる。

さらに、

二、この一〇年の間に、友人や弟子にあてた、カントの興味深い書簡が残されており、そこには、カントの労苦や発見の喜びが、かなり率直に書かれている。

さらに、

三、一七七五年ごろに書かれたとされるカントの思索の跡を記録した重要なメモが残されている。

この三つを手掛かりに、どのようにして、カントが『純粋理性批判』の核心を構築するにいたったかを調べてみたいと思う。

本書は、『純粋理性批判』入門なのだから、一刻も早く、『純粋理性批判』そのものに入って行きたい気持ちは、筆者としてもやまやまなのである。しかし、性急に訪問者を壮大な建築物に招きいれ、ほうほうのていで人々が逃げかえってくる『純粋理性批判』入門書を筆者は多く知っている。

壮大な建築物を、案内人なしでも、多少は余裕を持って歩きまわれる体力と基礎知識をつけること。これこそ入門書の本道だとすれば、しかたがない。ともかく大いなる導きの糸を紡《つむ》ぎだすこととしよう。導きの糸は一本太いものがあればよい。それは、『純粋理性批判』の核心をなす〈現象〉という概念である。

1 導きの糸としての現象

何がどこに現れるのか

さて、では、カント『純粋理性批判』の最も重要な概念である〈現象〉についてしばらく考察してみることにしよう。現象とは、Erscheinung《エルシャイヌング》。現れる、見える、という意味の動詞erscheinen《エルシャイネン》の名詞形であり、〈現れたもの〉という意味である。これが『純粋理性批判』に登場する概念のうちでもっとも重要なものである。さて、〈現れる〉と言ったら、すぐさま、(a)何が現れるのか、(b)どこに現れるのか、という問いが続くはずである。(b)に答えるのは比較的簡単であるが、(a)に答えるのは実はきわめて困難である。とりあえず、カントの〈現象〉の用例を見てみよう。

> 現象とは、知覚（Wahrnehmung）の対象（Gegenstand）である。現象は、なんらかの客観（Objekt）一般の内容（Materie）を含んでいる。（B207）

私たちは、〈物自体（Ding an sich）としての対象（Gegenstand）〉についての認識（Erkenntnis）を持つことはできず、〈感性的直観（sinnliche Anschauung）の対象となるもの〉、つまり、〈現象〉についてのみ、私たちは認識することができる。このことを、この『批判』は明らかにしていく。（B XXVI）

物自体・客観・対象

まず、ここにでてきた用語を、話に必要な限りでの最低限は説明しておかなければならない。厳密な定義はここではあきらめ、筋《すじ》を追うための最低限である。ものの側を表す言葉として、物自体（Ding an sich《ディング・アン・ジッヒ》）、客観（Objekt《オブイエクト》）、対象（Gegenstand《ゲーゲンシュタント》）が出てきている。まずこの三つの用語について簡単に解説しておこう。

物自体（Ding an sich）とは、ものそのもののことであり、それが何かによって認識されようとしたり、知覚されようとすることとは〈無関係〉に、つまり、他とは関係なく、それ自身で（an sich = itself）存在しているような状態のものである。伝統的に言えば、実体（substance = その存在のために他のものを必要としない）という発想につながる。（さらに、超越的で英知的な存在も物自体と呼ばれることがある）

対象（Gegenstand）は、何者かに対して（gegen = against）、立っている（stand）という意味の言葉であり、これはもののうちでも、何らかの認識の対象となっている様態のものであると言っていいだろう。

客観（Objekt）は、主観（Subjekt《ズプイエクト》）の対概念であり、大まかにいえば、物自体と対象の間ぐらいのあり方を意味するものと考えてもらっていい。ちなみに、Ob-jekt はラテン語で、何者かに対して（ob）、投げられたもの（jekt）を意味する（したがって、Gegen-stand とほぼ同義であるとも言える）のに対して、Sub-jekt は根底に（sub）存しているもの、という意味（したがって、実体〔sub-stance〕とほぼ同義）であり、基本的には、Subjekt が自存存在、それに対して初めて存在するものが Objekt と考えて間違いないだろう。

〈現象〉とは、私たちの知覚や感性的直観の対象となるもの、であって、それは〈物自体〉とは、画然と区別されるが、しかし、それでも、客観の内容を表しているもの、とひとまずはまとめることができる。

すると、次のように表現してみたくなる。

〈現象とは、物自体、つまり対象そのものが、私たちの知覚や直観という認識能力によって、とらえられた姿。いいかえれば、私たちの認識能力によって変容されながらも、とらえられた物自体〉。

そして、(a)何が現れるのか、(b)どこに現れるのか、という問いに対しては、現象とは、ものそのものが私たちの認識能力に対して現れた姿、と大まかに整理しておくことにしよう。

厳密なカント研究者が、この記述を見たら、烈火のごとく怒りだすかもしれないが、しかし、おおざっぱなイメージをつかんでもらうためには、差しあたって、このように考えておいてもらってかまわない。

ちなみに、『カント事典』（弘文堂）の「現象」の項目を見ると次のようにある。私が書いたもので、その冒頭を引用してみる。

「現象」［Erscheinung］

カントの認識論において、もっとも要となる概念。現象は、基本的には、客観的妥当性を主張しうる認識の対象、あるいは、認識の領野を意味している。現象の背後にその原因として想定される不可知の「物自体（Ding an sich）」、あるいは、現象と同じ「表象（Vorstellung）」でも個々の個別的主観の状態に拘束されている「仮象（Schein）」。この物自体と仮象は、最終的には「主観的なもの」にすぎず、いわばその狭間《はざま》に位置する現象、この認識のみが客観的妥当性を主張しうる対象である。このような現象概念は、『純粋理性批判』（一七八一）の成立に先立ついわゆる〈沈黙の一〇年〉の思索において確立され、哲学の歴史を画する認識論の成立の基礎となった。

つまり、〈現象〉は、客観的妥当性を主張しうるような認識の〈対象〉であり、また広くは、そのような対象の領野《りょうや》を意味する。現象という領野からはずれる、〈物自体〉や〈仮象〉は、正当な認識の対象とはならないものである。

カントはなぜ、〈物自体〉の認識を否定して、それの現れと思われる〈現象〉のほうを客観的認識の対象としたのだろうか?

物自体へのあこがれ

実は、本音を言えば、カントも〈物自体〉の認識へのあこがれは、もちろんもっている(いた)のである。というのも、『純粋理性批判』に先立つ「七〇年論文」では、知性(悟性)が直接、物自体を認識できると考えていたからである。この段階では知性(悟性)的認識は、「直接対象に関係し」(Aka. II. 392)「実体間の関係そのもの」(Aka. II. 407)を考察しうると、カントははっきり明言していたのである。

物自体についての認識が、ある時期になって、結局断念されたのだということは、『純粋理性批判』のさまざまな表現からもかいま見ることができる。

私たちの場合には、感性的直観という条件のもとで、対象を考えなければならない。(物自体という)可想的なものを知るには、私たちにはそなわっていない特殊な直観(知的直観)が必要であるが、このような直観は人間にはそなわっていないので、物自体は結局、私たちにとっては無である。したがって、私たちの認識の対象である現象は、物自体ではないのである。(B335)

こんな表現を見ると、カントには、人間に知的直観の能力さえそなわっていれば、物自体の認識は可能であるのに、という想いが『純粋理性批判』成立ののちにも、いまだに捨てきれていない、ということが想像される。

さて、では、物自体の認識が可能とされていた「七〇年論文」と、物自体の認識を断念し、対象を現象に限った『純粋理性批判』との間には、なにが起こったのだろうか？〈沈黙の一〇年〉における思索の意味はいったいなんだったのだろうか？

2 沈黙の一〇年の苦闘——『批判』成立前夜

下位の認識能力としての感性

近世哲学、特にいわゆる大陸合理論においては、〈感性〉（Sinnlichkeit）は下位の認識能力とされるか、あるいは誤謬《ごびゅう》の直接間接の原因と見なされるのが常であった。真理は、精神から感性的なものをとりのぞく時に初めて得られるものであり、人間は知性によってのみ「永遠の真理」の領域に達することができるとされていた。

ところがカントの『純粋理性批判』の場合には、感性は誤謬の原因とされるどころか、むしろ「実在的認識の源泉」として、そもそも認識が成立するための「不可欠な契機」とされている。つまり

『純粋理性批判』によれば、認識は感性と悟性〈知性〉が合一することによって初めて成立する、とされているのである。感性が真理獲得のために不可欠であるとするカントの哲学観はしたがって、感性的なものを排除することによって真理が獲得できるとするカント以前の哲学観と大きく異なるのは明らかである。

ここでは、このような哲学観が、「七〇年論文」から一七八一年の『純粋理性批判』成立までの、著作のほとんど存在しないいわゆる「沈黙の一〇年」の思索において真に確立されたということを、七一・七二年のM・ヘルツあて書簡や七五年の「デュイスブルク遺稿集」などの考察を通じて明らかにしてみようと思う。

つまり、この両著作の間には、「現象」概念について、微妙ではあるがしかし決定的な差異が存するのである。この決定的な変革を介してのみ、今のべたような哲学観が真に確立され得たと言えるだろう。したがって、ここでは、「沈黙の一〇年」を〈現象概念の確立過程〉ととらえ、これを感性と悟性との関係を中心に考察を加えてみたいと思う。

「七〇年論文」の基本性格

さて、まずラテン語で書かれた「感性界と知性界の形式と原理」(De mundi sensibilis atque intelligibilis forma et principiis)と題された一七七〇年の「教授就職論文」の基本的性格を考察しよう。この論文において感性(sensualitas)は次のように定義されている。

感性とは主観の受容性であって、この感性によって、自己の表象状態はなんらかの対象の現前によってある仕方で触発されることが可能となる。（Aka. II. 392）

一方、知性（悟性＝intelligentia）は「感性の性質上、感性の内には達しえないものを表象することができる」ような「能力」である。（同）

すると認識は、「七〇年論文」においては、

感性の法則に服する限り感性的認識であり、知性（悟性）の法則に服する限り知性（悟性）的認識ないし理性的認識である。（同）

ということになる。そしてこの二種類の認識に対応して二種の世界、すなわち感性界と知性界があるとされる。

ここでまず注意しなければならないのは、この一七七〇年の段階では、感性と悟性との区別が感性的認識と悟性的認識というように、〈認識の種類〉の区別とされていることである。だが一一年後の『純粋理性批判』においては、この両者は、〈ひとつの経験的認識〉を成立させるための、〈ふたつの「要素」（Element）〉（A50＝B74）ととらえ返されている。つまり感性と悟性の「両者が合一すること

によって初めて認識は成立し得る」(A51＝B75) というのが『純粋理性批判』の最も基本的な立場となるのである。

私たちの認識 (Erkenntnis) は心意識の二つの源泉から生じる。第一の源泉は、表象 (Vorstellung) を受けとる能力〔受容性〔感性 Sinnlichkeit〕〕であり、また第二の源泉は、これらの表象によって対象を認識する能力〔自発性〔悟性 Verstand〕〕である。それだから、直観 (Anschauung) と概念 (Begriff) とが、私たちの一切の認識の要素 (Element) であり、直観を持たない概念も、あるいは、概念をもたない直観も、それだけでは認識になりえない。(A50＝B74)

『純粋理性批判』の場合には、感性と悟性の両者のうちの一方だけでは、そもそも認識というものが成立しないのである。この相違は一見したところ、とるにたらぬものと考えられるかもしれないが、この相違こそが決定的に重要な意味をもつのである。

さて、もう少し「七〇年論文」の記述を見てみよう。四節 (Aka. II. 392) で感性的認識について次のように述べられている。それは「主観の個別的な性質に依存している」。しかもこの個別的な性質とは「諸主観が多様であるが故に異なり得る」ようなものである。つまり、感性的認識は、それぞれの主観的で個別的な性質の上に成り立っているので、主観それぞれによって異なる認識となってしまう。いわば、主観的・個別的性格から逃れられないような認識である。

あるがままの事物を認識する

他方、以上のような「条件に依存しない認識は、まったく対象にのみ関わる」ことができる。つまり、知性（悟性）的認識とは「存在するがままの事物」を表象する認識なのである。ここでは、明らかに知性（悟性）は、のちの『純粋理性批判』の用語で言うところの「物自体」の認識が可能だ、と考えられているわけである。ここでは、知性が感性よりも高級認識能力であるとする伝統的な発想にカントは従っていると言ってもいい。

つまり、感性的認識は、「我々に現れるかたちでの事物（uti apparent）」しか認識できないのに対し、知性（悟性）的認識は、「存在するがままの事物（sicuti sunt）」を認識することができるのである。

しかし、他の箇所では次のような論述も見られる。「感性的なものをより混雑に認識されたものとして、悟性的なものをその認識が判明なものとして説明するのはまったく不当なこと」（Aka. II. 394）であり、「かえって感性的なものが非常に判明で、悟性的なものが極めて混雑であり得る」。（同）つまり、知性が感性に絶対的に優位に立っているわけでもないのである。たとえば、前者の例として幾何学を、後者の例として形而上学をあげている。

さらに一一節では現象について、「現象はそもそも事物の形象であって原型ではなく、対象の内的かつ絶対性質を表さないとはいうものの、これらの認識はきわめて真であり得る」とさえ主張している。これらの確信は、カントが時間・空間を純粋直観であり、感性に与えられるものの形式的条件と見なしたことに起因しているだろう。

以上のように、感性的なものに対する七〇年のカントの考え方は、二面性（主観的個別性と真理性）を持っていると言える。だが、現象の認識をきわめて真であると言っても、感性的認識は諸主観が異なるに応じて異なるような個別性主観性をまぬがれ得ないのだから、いまだカントは感性的認識の確実性を確立しているとは言えないのではないだろうか。なぜなのか。つまりそれは、この論文においていまだ「現象」という概念が真に確立されてはいないことに起因しているのである。

言いかえれば、感性的認識と悟性的認識というように両者が異なる認識として峻別《しゅんべつ》されている場合には、たとえ感性的なもののうちに「純粋直観」を見いだしたとしても、感性的認識をこれ自体だけで確固としたものとして確立することはできない。このためには、認識というものの構造自体が根本からとらえ直されることが必要なのである。

結局、この「七〇年論文」の段階では「直接対象に関係し」（Aka. II. 392）「実体間の関係そのもの」（同四〇七頁）を考察する悟性的認識こそが真理を獲得する第一のものであると言わざるをえない。「理性の本性のみによって対象も、対象について思惟されるべき公理も初めて知られ」（同四一一頁）るのだし、「純粋理性の法則を提示することそのものが学問の産出」（同）なのである。

以上のように「七〇年論文」においては、感性的認識と悟性的認識がそれぞれ独立して成立し、この場合、後者を前者の上位におく、いわゆる伝統的な考え方からカントは完全には抜けでてはいないと言えるのである。

悟性・知性・理性

さて、ここで少し立ち止まろう。これまでも、感性（sensualitas, Sinnlichkeit, sense）に対立する知的認識能力として、「悟性」、「知性」、「理性」などという言葉が登場している。

知性とか、理性とかは、現代でもまだ生き残っている言葉だから、多少は理解できるとしても、悟性とはいったい何だろうか。「あの人には知性の輝きがある」とはいうが、「理性の輝き」があるとはあまり言わない。激情に身を任せている人間に「もっと理性的になって！」とは言うが、「落ち着いて。もっと知性的になれ」とは言わない。悟性に関しては、「悟性の輝き」は言わないし、「感性より悟性を！」とはさらさら言わない。

いったい、これら三者は同じなのか、異なるのか。これらの認識能力の思想史上の変遷を追究していくのは、たまらなく魅力的な作業で、下手をすると、『純粋理性批判』入門以上の本の厚さが必要となる。すっかり、割りきって完全に図式的にふれておこう。

「悟性」（Verstand《フエルシユタント》）はドイツ語 verstehen《フエルシユテーエン》（理解する）の名詞形である。英語だと、understanding に当たる。英語でも、理解する（understand）の名詞形が understanding で、通常「知性」と訳される。したがって、「悟性」（Verstand）は、「知性」（understanding）とほぼ同じことなのである。そもそも悟性（Verstand）も知性（understanding）も、もともとは、ラテン語のインテレクトゥス intellectus（知性）を近代語に訳したものである。インテリなどという言葉もあるが、ラテン語でも、インテレクトゥスは動詞intelligo（理解する）からできた言葉である。

これに対して、理性（Vernunft《フェルヌンフト》）のほうはちょっと系列が違う。英語ではreasonに対応する。これは、もともとラテン語のラチオratioから来ている。合理的とか理想的とかいう意味もあるが、基本的には、ラチオは〈比〉のことであり、〈比較〉して考える、推論して考える、という意味である。

だからこれらの問題を考えるには、カントよりさかのぼって、ラテン語の中世・スコラ哲学におけるインテレクトゥス（知性）とラチオ（理性）の基本的対立を押さえておけばよいことになる。インテレクトゥスは、基本的に、媒介を経ないで全体を一瞬で把握する能力、他方、ラチオは、これがこうで、それがそうだから、すると、あれがああなって、と理詰めで次々推論していく能力である。

「悟性」とは没落した知性

さてではなぜ、インテレクトゥスのドイツ語訳Verstandが、日本では「知性」と訳されずに、「悟性」と訳されることになってしまったのか。「悟性」と訳されたフェルシュタントは、「知性」と訳されてもよかったのである。だが、ここにさらに興味深い事情がからんでくる。

ごく簡単にいえば、長い思想史的歴史のうちで、インテレクトゥスとラチオには、どちらが最高認識能力かをめぐっての戦いがあったのである。伝統的には、インテレクトゥスがラチオの上位にあったのだが、近世になり、特にカントあたりで、インテレクトゥスの力が下がり、ラチオが上位を占めることになってしまったのである。つまり、最高認識能力だった時代のインテレクトゥスは知性とよばれ（これが英語の understanding にも受けつがれている）、ラチオの下に来てしまったインテレクトゥス（これはもはや、理性 Vernunft の下位にある Verstand と呼ばれ）、悟性と呼ばれることとなったのである。

まとめよう。インテレクトゥスが輝かしい能力を発揮している場合には「知性」と呼ばれ、ラチオの下の能力になってしまった場合には「悟性」と呼ばれるようになる。ドイツ語の Verstand はまさにそうなってしまった場合のインテレクトゥスなのである。

さて、勘の良い読者ならお気づきだろうと思うが、まさに、「七〇年論文」時代のインテレクトゥス（intelligentia）は、知性と訳されるべきであり、沈黙の一〇年後の『純粋理性批判』では、インテレクトゥスのドイツ語訳 Verstand は悟性と訳されることになったのである。対象そのものを把握できた intelligentia（知性）は、物自体の認識を断念する Verstand（悟性）へと変貌したのである。

つまり、『純粋理性批判』の成立は、思想史上のもっとも基本的な概念であるインテレクトゥスの根本的な意味変容をもたらした、とも表現できるのである。

ともあれ、ここでちょっとアドバイスしておきたいのは、「悟性」「理性」などが出てくるときに、これらを決して日本語で考えないこと。悟性とあったら、それは Verstand《フェルシュタント》 のことだな、Verstand は verstehen の名詞で、それは英語の understanding と understand に対応していて、もともとは、ラテン語のインテレクトゥスから来ているのだな、とこう考えてほしいのである。そして、それがカントにおいて独自の意味で使われているのだが、その意味の理解は、『純粋理性批判』全体の理解とともに深まっていくしかないのだな、と。

3 伝統的な真理観――理性・知性の優位

感性・想像力は劣悪な能力

さて、〈伝統的な真理観〉という話に戻ろう。今日でこそ、「豊かな想像力」とか、「きらめく感性」などという言葉は、きわめてポジティブなほめ言葉となる。けれども、西洋における人間の認識能力の秩序においては、いわば「神の似姿（imago Dei）」としての人間を特徴づけるものは、感性や想像力ではなく、理性や知性の能力であった。こういった発想は、西洋近代においても引きつがれたものである。それは、デカルト、スピノザ、ライプニッツなどにも現れているが、ここでは、彼らと同時代人の思想家N・マールブランシュの言葉をあげておこう。

感性と想像力は誤謬《ごびゅう》や錯覚のつきせぬ源泉である。しかし、精神は自分自身だけで働くときには、このような誤謬からはまぬがれている。（『真理探究論』第三巻一部一章）

つまり、真なる認識のためには、感性や想像力は不要どころか、邪魔なものでさえありうる、というのが当時の発想だったのである。当時カントも、このような伝統的真理観から完全には抜けだしていなかったといえる。カントは「七〇年論文」を当時著名な数学者・哲学者であったJ・H・ランベルト（一七二八—七七）に送呈し、それに付した手紙（一七七〇・九・二）で次のように述べている。

感性のもっとも普遍的な法則は、元来純粋悟性の諸概念と諸原則だけが問題とされるはずの形而上学において誤って大きな役割を演じています。……したがって純粋理性の対象に関する判断を混乱させることがないように、感性の諸原理にその妥当性と制限を定めることになるような……消極的な学問（一般現象論 phaenomenologia generalis）が必要です。

カントのこの「一般現象論」なるものは、七二年ヘルツあての手紙の中でもう一度論じられるが、これは「感性的認識と悟性的認識との峻別」を説く「七〇年論文」第五章の思想とほぼ共通のものと考えてよい。

カントの見事な転換

ところでこの「一般現象論」の思想はランベルトの主著である『新オルガノン』(Neues Organon 一七六四）の第四部「現象学あるいは仮象の学（Phänomenologie oder Lehre von dem Schein)」の思

想と関連をもっていることはよく言われている。ランベルトのこの書は「真なるものの探求と特徴、および真なるものの誤謬と仮象からの区別」という副題がつけられており、この「現象学」の目的は真なるものを貫徹するために仮象を避けることにある。

このランベルトの「現象学」は、後のヘーゲルの『精神現象学』やフッサールの現象学などの先駆けとなる言葉である。しかし、ランベルトにおいては、〈現象〉は仮象とほぼ同じ意味で使われていて、ネガティブな意味を与えられている。

真理を仮象や誤謬から截然《せつぜん》と区別しえるというこのような思想は、しかしランベルト一人のものではない。

例えば、フランシス・ベーコン（一五六一—一六二六）の『新オルガノン』（Novum Organum 一六二〇）の目的も、やはり知性をすべての仮象（イドラ）から自由にすることによって真理を獲得することにある。ベーコンは「イドラ」と「イデーン」の間に確実な区別をもうけようとしたが、前者は人間精神の作りだしたものであり、それに対して後者は神的精神の産物なのである。したがって確実な自然認識をおこなうためには、人間の感性に根づくイドラを浄化することから始めねばならないというわけである。

この場合、そして特に一七世紀の哲学においては、理性や知性は「永遠の真理」の領域に属しており、この永遠の真理は神的精神と人間精神とに共通のものである。したがって理性の力によって我々人間は「神のうち」に真理を観《み》るのである。

すなわち、理性・知性・悟性などは、人間が真理を獲得するための高い認識源泉であるのに対して、感情・感性・想像力など総じて感性的なものは人間自身に根づくものとして、いわば仮象や誤謬の源泉であるという考え方は、近世哲学の真理観をつらぬく根本的な図式なのである。デカルト、マールブランシュ、スピノザ、ライプニッツなどにおいて、感性的なものは下位の認識能力とされるか、あるいは真なる認識をさまたげる誤謬の原因とされた。後にカントは『純粋理性批判』の時代になって、これらの伝統的哲学の本質を次のように「定式」化することになる。

　感官と経験とによる認識はすべて単なる仮象にほかならず、真理は純粋な悟性と理性との観念のうちにのみ存する。(『プロレゴメナ』付録、Aka. IV. 374)

つまり、真理は純粋悟性や理性などによって得られるものであり、感性や経験などによって得られるのは単なる仮象なのだ、というのが伝統的真理観なのである。

「七〇年論文」および「一般現象論」(phaenomenologia generalis) におけるカントは (ここにおいては純粋悟性だけによる形而上学が目指されており、それが感性の影響を受けないように悟性と感性との峻別を説いているのだから) 右に述べたような伝統的真理観の圏域から完全には抜けだしていないと言えるだろう。このことは、カント自身が「七〇年論文」のなかで、自分の形而上学の立場を「万物を神のうちに観る」というマールブランシュの立場からそれほど遠いものではない、と語っている (Aka.

II. 410）ことからも言えるのである。

これから考察する〈沈黙の一〇年の思索〉は、カントがこのような真理観を超えでて、右のような「定式」をまったく転倒させてしまう新たな思想を確立するためにこそ費やされたのである。

さて、勘のいい読者ならば、カントは後に自分の哲学を規定する文句として、どのような表現を使ったのか、想像できるかもしれない。そう。この伝統的真理観を表す表現をすっかりひっくり返して、次のように言ったのである。

たんなる純粋悟性や純粋理性からする物の認識は、すべて単なる仮象にほかならず、真理は経験のうちにのみ存する。（『プロレゴメナ』付録、同）

実に見事な転換である。どうしてこんな転換が可能になったのか。それは、仮象から明確に区別されるような〈現象〉概念の確立にあるのである。

4　形而上学のすべての秘密を解く鍵

カントはなぜ沈黙を守ったか

「七〇年論文」を書きあげたあと、カントは一〇年におよぶ沈黙の時代に入るのであるが、カントがただちに新たな思索の歩みを進めていることは、七〇年代において、M・ヘルツ（一七四七―一八〇三）などと交わされた往復書簡に克明にしるされている。なにもしないでサボっていた、というのではないのである。さまざまなコミュニケーション手段があふれている現在とは異なり、一八、一九世紀においては、書簡で思索を練りあげていったり、論争をしたりすることが、重要な知的活動のひとつだったのである。

カントは、当時の著名な哲学者のランベルトおよびメンデルスゾーンに「七〇年論文」を送呈し、これに対して、ランベルトは七〇年一一月一三日、メンデルスゾーンは同一二月二五日付けでカントに送呈への礼と批評の手紙を書いている。しかし、カントはこれらの手紙に返事を書かなかった。この点について、カントは、一七七一年六月七日付けのヘルツあて書簡で次のように述べている。かなり長い書簡だが、要点だけを示しておこう。

マルクス・ヘルツ君へ（一七七一・六・七）

拝啓

あなたは私の筆無精についてどうお考えでしょうか。あなたの先生であるメンデルスゾーン氏やランベルト教授は、この筆無精についてどう考えているでしょう。きっとこれらの立派な方々は私のことをわざわざ手紙をやってもなかなか返事もくれないきわめて無礼な奴だとお考えになっているに相違ありません。……

これらお二人の学者から頂戴したようなお手紙は、私を一連の研究に巻き込んでしまうのです。……私たちがもっている材料への洞察は、決して強制されうるものでも力んでこれを促進したりされるものでもなく、かなり長い時間を要するものです。

非礼という非難を受けるに値する危険を冒して、私は実は、お二人から得た時間を十分に利用したと思っています。つまり、次の洞察は、哲学全体において、いや、それどころか人間の重要な目的一般に対してきわめて大きな影響を持つでしょう。（後略）

つまり、ランベルトやメンデルスゾーンなどの思想家に返事を書かなかった代わりに、カントはある一つの洞察を得た、とこの手紙で主張しているのである。この洞察とは何か。それは次のとおりである。

感性だけでなく悟性（知性）も、人間の心の能力の主観的原理であって、これは、直接対象に関係するものではない、という洞察です。

つまり、カントはこの一七七一年の時点において、知性（悟性）が物自体を認識することはできない、と考えはじめているのである。では、メンデルスゾーンやランベルトは、知性が物自体を認識できるとするカントの知性論を批判していたのだろうか。カントは彼らの批判を聞きいれて、「七〇年論文」の立場を変更したのだろうか。

時間は実在的か、主観的か

実はそうではないのである。彼らの批判はほぼ異口同音に、カントが空間・時間を「実在的なもの」ではなくて、「主観的条件」であると説いている点に集中していたのである。

たとえば、ランベルトは「すべての変化は時間と結びついており、時間なしには考えられません。そして、変化というものが実在的であるならば、時間もまた実在的なものです」（von Lambert 1770. 10.13）としていたし、メンデルスゾーンは「すばらしい論文ですが、しかし、時間は単になにか主観的なものであるという意見に対して、私は賛成することはできません」（von Mendelssohn 1770.12. 25）と手紙で述べていたのである。

カントはよりにもよって、時間・空間という感性の形式を主観的原理と見なすだけではなく、さらに、知性（悟性）をも主観的原理として、物自体の認識の断念へと向かったのである。当時の知性を代表するような思想家の意見を聞くどころか、カントはさらに逆の方向へと突っ走っていったわけである。このように、時空についての批難に対するカントの解答は、奇妙なことに、悟性（知性）についての考え方を変更することだったのである。

ところで悟性の実在的使用が否定されることは「万物を神のうちに観る」という真理観が否定される方向にあるが、これはそれまでの独断的形而上学が時空を主観的条件と見なさなかったために二律背反におちいっていたのだというカントの独特の発想によるとも言える。しかし同時に時空を主観的条件と見なすことで例えばランベルトやメンデルスゾーンから、時空の実在性を否定するならばすべては仮象となるという主旨の批判をうけることになる。

何か本質的なものに気がつく

今やカントにとっては、独断的形而上学を否定すると同時に、現象の認識の確実性を確立せねばならなかった。そのためには感性的認識の弱点、すなわち個々の諸主観が異なるに応じて認識が異なるという意味の主観性がどうしても払拭《ふっしょく》されねばならない。そして、このためには「現象」概念の変革が必要なのである。

「七〇年論文」では、「現象としての世界」とはすなわち「人間精神の感性との関係で観られた世界」（Aka. II. 398）であった。ここでは現象が感性との関係のみで語られている。そしてこの場合、感性は「なんらかの対象が現前すること」に依存していたことは前に見た通りであった。ところがしだいに対象と表象との関係の問題が自覚的に問われることになる。七二年のヘルツあての手紙でカントは一つの著作の計画があることを述べ、そのうち一般現象論を含む「理論的部門」について熟考した結果、

私にはまだ何か本質的なものが欠けていたことに気がついた。（一七七二年ヘルツあて書簡、Aka. X. 124)

と告白している。この本質的な点とは、「私の長い間の形而上学的考察において他の人々と同じように見すごされ」（同）て来たものであり、しかもそれは「形而上学のすべての秘密を解く鍵となるにほかならないもの」（同）だと言う。「七〇年論文」および一般現象論の思想において見すごされていた本質的な問いとは何なのであろうか。なにやらここに、カントのもっとも根本的な問題への気づきがあるように思われる。

私たち内部の表象は対象とどう関係するか

カントは次のように続ける。

私は次のように問うてみたのです。私たちの内部で表象と呼ばれているものが対象に関係するのはどんな根拠に基づくのかと。（Aka. X. 124）

この問いは、この文に続く論述から明らかなように、人間の認識と神の認識との鮮明な対比によって語られている。（同）

まず第一にカントは、「対象によって主観が触発され」て生じる「受動的表象」の場合をあげ、この場合には対象と表象とは「わかりやすい」関係を持っているとする。「七〇年論文」における感性的認識はこれにあたる。つまり、物が私の感覚器官を刺激して、私の内に表象を作りだす場合である。のちの、『純粋理性批判』のコペルニクス的転回の言葉を使えば、対象が認識を可能にする場合、である。

第二にカントは、「対象が表象によって産出され」る神の認識をあげ、この場合でも両者の関係は理解されるとする。つまり例えば、「光あれ！」と表象すれば、現実的に光という対象が生じる場合などである。認識（表象）の側が、対象そのものを生みだすのである。

では我々人間の認識の場合はどうなのだろうか。「しかし我々の悟性」の場合には、対象が表象の原因でもなければ、表象が対象の原因でもないとカントは言う。

純粋悟性概念は、感官の感覚から抽出《ちゅうしゅつ》されたり感官による表象の受容性を表現するものであってはならないのであり、その起源を精神の本性のうちに持たなければならないのですが、しかしやはり、純粋悟性概念は、……対象そのものを産出するものであってはならないのです。（Aka. X. 125）

さらに、カントは「七〇年論文」の欠陥を指摘しながら次のように言う。物の「感性的表象」であれ、「知的表象」であれ、「その物はどのようにして我々に与えられるのでしょうか。それは我々が触発されるという仕方以外にはあり得ないのではないでしょうか」と。しかし他方、純粋悟性概念が「我々の内的活動性に基づくもの」であるならば、与えられた対象とそれとの「一致はいったいどこから生じるのでしょうか」と。

人間の認識構造自体を問う

「形而上学のすべての秘密を解く鍵」となったこの問いにおいて、認識がもはや悟性的認識と感性的認識という形ではなく、我々人間の認識の構造いかんという形で問われていることに注意されなければならない。

つまりここではもはや、悟性（知性）的認識における実在的使用（物自体の認識）が否定されるとか、感性的認識の受動的な面があらためられるとかいう形で認識が問題になっているのではない。問われるべき認識は、唯一我々人間の認識なのであって、そして、それは感性だけで成りたつものでもなければ、悟性だけで成りたつものでもないことが暗黙のうちに示されているのである。

カントはこの場合、マールブランシュのように神的知性によって人間的認識の真理性を保証しようとする考えを、「およそ選ばれうるものの中でもっとも不合理なもの」だとしてしりぞけている。つい二年前の論文では、自分の立場はマールブランシュに近いと語っていたカントだったのに、である。つまりカントはここで「我々の認識の根源と妥当性」を人間自身によって確立しようとしているのである。そして近日中に『純粋理性批判』の提示を約束して内容的な論述を終えている。

現象は実在的な存在である

ところでこの七二年ヘルツあて書簡の終わりのところで、カントが彼に「自分の理論の再吟味を強いて」(Aka. X. 128) くれたメンデルスゾーンやランベルトの批難に対して、次のように確信をもって答えていることは注意されてよい。つまりカントはランベルトらの批難を、「変化は実在的なものである。ところで変化は時間を前提にしてのみ可能である。したがって時間は物自体に属する実在的なものである」と要約した上で、ヘルツに対して自分の解答は次のとおりであると言う。

変化が実在的なものであることは否定しません。ただしこの場合私が言っているのは、実在的なものとは現象に対応しているものだ、ということなのです。

この論述において、現象はもはやたよりがいのない仮象ではない。現象は物自体と区別され、しかも実在的なものとの連関において語られている。神の場合には直観することが対象を産出することであり、神は物の「創造者」であった。しかし、

有限的存在者はみずからのうちから他の物を認識することができない。なぜなら有限的存在者は他の物の創造主ではないからである（Aka. XVIII. Nr. 6048）

とカントは後のあるレフレクシオン（考察）で語っている。そして続けて「したがって有限的存在者がア・プリオリに認識しえるのは現象なのである」、なぜなら「人間は現象の根源的原理（Principium originarium）」（同、Nr. 6057）だからである、とも言っている。ここでは、神の物自体のア・プリオリな認識と、人間の現象のア・プリオリな認識が類比的関係において考えられており、人間が現象のいわば「創造主」となることで、現象のア・プリオリな認識が可能となったことが語られている。

この神と人間との類比関係を述べたNr. 6048やNr. 6057は、一七八三―八四年の批判期の発言であるが、このような思想の最初の萌芽を七二年のヘルツあての手紙に見ることができるのである。

現象が感性との関係でただ与えられるだけのものではなく、人間がその創造主となる（これによって現象はア・プリオリに認識される）ためには何が必要なのだろうか。つまり現象が物自体と区別さ

れ、しかも仮象でないものとなるためには、何が必要なのか。

個人差のある感覚を悟性で普遍化する

残念ながら、手紙のうちにはこの解答を見出すことはできない。しかもこの七二年ヘルツあて書簡以降、カントはみずからの思索過程を人にうちあけることはほとんどなくなった。

だが幸いなことに、この沈黙の一〇年において日付の確実な一まとまりの遺稿、すなわち通常「デュイスブルク遺稿集」(T. Haering "Der Duisburg'sche Nachlass und Kants Kritizismus um 1775" 1910, Tübingen)と呼ばれている一七七五年の遺稿集が残されている。これによってさらにカントの歩みを追ってみよう。

カントは第八稿(一〇六頁)において言う。「現象が内的必然性」を持つこと、「すなわちすべての主観的なものから解放され」て「客観的なもの」になるためには、「普遍的規則によって規定可能なものと見なされる」ことが必要であると。つまり「私の諸表象が対象となるためには、表象が普遍的規則に従って規定されることが必要である」(第七稿九四頁)。すると「現象はそれが与えられた時の個別性からは独立にそれ自体として」(同)、つまり「私の単なる主観的—個別的表象からは独立して」(第七稿、注)考えられる。

以上から明らかなように、感性に与えられたものの持つ個別性は、悟性の機能によって普遍的なものの一般的なものに高められる。このことによって現象は、「個別的な知覚によって表象される単なる感覚」(第一一稿三四頁) からは区別され、「対象の概念と関係する」(第一一稿三九頁)。このように単なる感覚から区別された客観的な(すなわち客観と連関をもつ)現象が成立するためには、悟性の感性への参画が不可欠なのである。

つまり、感性的なものあるいは心の変容としての諸表象が、主観的実在性を超えて客観的実在性を得るためには(この問いは「七〇年論文」の感性的認識という形では解決不可能であった)、神の悟性と類比的な悟性の自発性が必要なのである。

悟性と感性は互いに補いあう

しかし一方、人間悟性の自発性は対象そのものを産出するような神の悟性とは異なるから、対象は常に与えられなければならない。したがって、カントにおいて人間的認識の確実性が確立されるには、つまりその対象たる現象が物自体からも仮象からも区別されて確立されるためには、「七〇年論文」における悟性と感性との絶対的対立(つまり悟性的認識と感性的認識との峻別)を人間の認識が成立するために必要な要素として、すなわち、人間的認識において感性と悟性を、互いに不可欠なものとして要求しあう補完物としてとらえ直すことがぜひとも必要だったのである。

このような思索の成果は、後に次のようにはっきり語られる。つまり「七〇年論文」では現象が感性との関係のみでとらえられていたのが、いまや現象とは「カテゴリーの統一によって対象と見なされる限り現象と呼ばれる」(A248) ものなのである。

この場合、悟性は「実体の関係そのもの」(「七〇年論文」第一六節)を考察するのでも、あるいは「どこか他のところから与えられ」たものを単に「矛盾律にしたがって」比較整理するもの(同論文第五節)でもなく、いまやそれは「与えられた直観を対象に関係づける働き」(A247 = B304)であり、このことによって、物自体からも仮象からも区別された現象が初めて成立するのである。

このように見てくると沈黙の一〇年の成果は、感性的認識が高められたとか悟性の独断的使用が断念されたという表現では不十分であり、むしろ経験の対象たる「現象」が確立せられるために、認識というものの構造そのものが根底から変革された、と言うべきである。そして形の上では認識の種類の区別であった感性と悟性を、人間的認識成立のための要素として組みかえていく過程は、同時に真理観の大きな変革をも意味しているのである。つまり前にも引用したように、これまでの

感官と経験とによる認識はすべて単なる仮象にほかならず、純粋な悟性と理性との観念のうちにのみ真理は存する。(Aka. IV. 374)

という思考から、いまや、

単なる純粋悟性や純粋理性からする物の認識はすべて単なる仮象にほかならず、経験のうちにのみ真理は存する。(同)

という真理観へと、カントの思索は沈黙の一〇年の思索を通じて初めて到達することになるのである。

これまで見てきたように、カントは「七〇年論文」から『純粋理性批判』への移り行きにおいて、感性と悟性とを人間的認識が成立するための不可欠な契機ととらえ直すことによって現象概念を確立し、客観的認識が成立するための経験の地平を切りひらいたのである。カントはこの場合、神的認識との対比において有限的認識を考察し、したがってその真理性の保証を伝統的形而上学のように神に求めることはせず、人間の悟性が、感性との合一によって成立させる現象に認識の対象を限定することによって、人間的認識の客観性を保証することとなった。

真理を神から奪いとる

したがって、あの沈黙の一〇年をへて成立した『純粋理性批判』の決定的な意義は、真理成立の根拠を神から人間へと奪い取ったことというように表現しえるだろう。このためにカントの真理観は以前のそれと大きく異なる。

例えば普遍学（マテシス・ウニベルサーリス）の思想においては、完全に演繹的な体系、すなわちすべての命題が分析的であるような「永遠の真理」の体系が前提され、真理は、知性が最高の存在ないし最高の確実性から出発して、この確実性の光を派生的存在にまで拡大することで獲得されるものであった。ここでは、知性による概念の分析によってその内的無矛盾性を示せば認識は成立する。

ところがカントにおいては、真理は体系のうちに存するのではなく、経験のうちに、すなわち対象との出会いによって得られるものであり、認識にとって感性的契機がぜひとも必要である。といってもここで与えられるものは純粋な感覚所与なのではなく、すでに悟性によって媒介された「現象」なのである。したがって『純粋理性批判』において認識は、一面から言えばこれまでのような悟性の一方的優位から解放されると同時に、他方ただ単に所与を受けとるだけの感覚的な知からも解放され、ここに初めて経験（Erfahrung）というものに新たな意味が与えられることになるのである。


さてさて、『純粋理性批判』に皆様を招きいれる前に、ずいぶん遠回りをしてしまったかもしれない。しかし、『純粋理性批判』でカントが自信と確信に満ちて語っていることは、実はそれに先立つ沈黙の一〇年の苦渋に満ちた思索によって、初めて生《お》い育ってきたものであることを私はぜひとも示しておきたかったのである。

「私の前には、『純粋理性批判』という石のようなものが横たわっている。私はいまこの石を取りのぞくことだけに従事している」と一七七七年のヘルツあて書簡でカントは述べているが、おなじ書簡で、カントはいかに身体の不調に悩まされているかを切々と述べている。「私の健康を日毎に悩ませ、しかも私の頭脳的な仕事をしばしば中断させる原因」は胃の噴門部の不調であり、また「毎朝大変努力してしかも通常きわめて不十分な排便しかえられない」から、医者のヘルツに、薬の適切な処方箋を事細かに依頼している。こんな人間的な労苦の積み重ねの中から、あの壮大な『純粋理性批判』は成立してきたのである。

さて、ではいよいよ『純粋理性批判』の殿堂へと入っていくことにしよう。建築現場の様子を眺めることで、本堂に入る準備はすでに整った。というか、実は、この建築現場をじっくり見たことで、『純粋理性批判』の本質的主張の根本は、すでに皆様にちゃんと理解していただいた、と考えているのである。

あとはちょっと気楽な気持ちでついてきてもらっていい。それでは、『純粋理性批判』入門、はじまり、はじまり、である。

2章 『純粋理性批判』見学ツアー

Critik
der
reinen Vernunft

von
Immanuel Kant
Professor in Königsberg.

Riga,
verlegts Johann Friedrich Hartknoch
1781.

『純粋理性批判』第１版の扉

全巻一日見学コース

さて、例えばパリを初めて訪れて、ルーブル美術館を見学しようとする日本の旅行者のことを想像してみよう。現地ガイドは、それが半日コースなのか、一日コースなのか、はたまた三日コースか一ヵ月コースかを最初にたずねるだろう。それに応じて、観る作品の数や鑑賞の密度を設定するだろう。

本書は、さしずめルーブル美術館一日見学コースといったところだろうか。マニアックな鑑賞者には物足りないかもしれないが、ルーブル美術館の全体像と、主要な作品はほぼ網羅する、といった具合だろう。

第一章でも示したが、ここで再び『純粋理性批判』の全体像を示しておこう。

序文（Vorrede）
序論（Einleitung）
I　超越論的原理論（Die transzendentale Elementarlehre）
　第一部門　超越論的感性論（Die transzendentale Ästhetik）
　　第一節　空間論（Vom Raume）
　　第二節　時間論（Von der Zeit）
　第二部門　超越論的論理学（Die transzendentale Logik）

第一部　超越論的分析論（Die transzendentale Analytik）
第二部　超越論的弁証論（Die transzendentale Dialektik）
II　超越論的方法論（Die transzendentale Methodenlehre）

『純粋理性批判』の大きな構成から言うと、全体は「原理論」と「方法論」の二部構成になっている。しかし、「方法論」は頁数も少なく、あまり重要ではない（当該の専門研究者の方々、ごめんなさい！）ので、実質的には、次の二つのグループ

（a）グループ「感性論」＋「論理学」第一部「分析論」
（b）グループ「論理学」第二部「弁証論」

から成立していると考えてもらって差し支えない。

さて、この入門書を貫く視点は、前書きでも述べたとおり、「客観的認識とはなにか？」ということだったので、この見学コースでも、自ずから（a）を中心に見ていくことになる。ここで、どうしてもはずせないのは、「序文」、「超越論的感性論」、「超越論的分析論」といったところだろう。

それと、もう一点、『純粋理性批判』を知るにあたって、きわめて重要なことがある。この書物には、一七八一年版（A版）と一七八七年版（B版）の二つの版がある。カントはB版（第二版）で、さまざまな改訂をおこなった。以前書いたところを削除したり、書きかえたり、そのままにしたり。そして、カントがどこを書きかえ、どこを書きかえなかったか、という問題はすこぶる興味深いもの

がある。

通常、書物が六年後に書きかえられたのだから、その第二版のほうがずっとよいに決まっている、と考えがちである。しかし、とても興味深いことに、第一版のほうが優れていると考えている解釈者たちが多数いる。有名なところでは、ショーペンハウアー、ハイデッガー、三木清などである。この問題には、特に、構想力の位置づけ問題が深く関与するのだが、この第一版と第二版の差異とその意味もやや詳しく論じてみたい。これは、章を改めて論じることにしよう。さて、では、さっそく見学ツアー開始である。

1 形而上学とは何か——序文

万学の女王としての形而上学

ほぼ冒頭に近いところに次のような記述がある。

かつては形而上学（Metaphysik）が万学の女王と称せられた時代があった。……ところが、今日では、形而上学にあらゆる軽蔑をあからさまに示すことが時代の流行となった。（A VIII）

おやおや、である。今日の、科学や経済最優先時代から見ると、カントの時代はなにやらおおらかで、形而上学が人々に受けいれられているかに思われるが、どうもそうではないらしい。〈哲学の終焉《しゅうえん》〉という危機感は、カントの時代からすでに始まっていた。というか、むしろ、〈理性は万人に公平に分けあたえられている〉とおおらか、高らかに宣言できたデカルトの一七世紀はもはや過ぎさり、一九世紀を目前にしたカントは、「理性」を根本的に吟味（kritik）しつくさなければ、哲学はもはやどうしようもない、と考えたわけである。『純粋理性批判 Kritik der reinen Vernunft』である。

ほぼ、同じ箇所で、「現代の考え方は浅薄であるとか、根本的な学問が衰退している、と嘆く声が時折聞かれる。……現代は真の意味での批判の時代であって、すべてのものが批判に服さざるを得ない」（A XI）とカントが述べているのを見ると、今日とカントの時代の二〇〇年の差をどう考えたらよいのか、わからなくなる。

本書が一切の問題を解決する

もう少し先に進もう。

私はおよそ、形而上学の課題にして、この批判において解決されなかったもの、あるいは、その解決に少なくとも手掛かりが与えられなかったものは、ただの一つもないはずである、と敢え

て言おう。(A XIII)
やはり、すごい自信である。カントの人柄がかいま見えるような表現である。しかし、さすがのカントも気が引けたのか、次のように続ける。

私はこう言いながらも、私の自慢めいた不遜《ふそん》な言い分に対して、軽蔑を交えた不快の表情が、読者の顔に浮かぶのをまざまざと見る気がする。しかし、それにもかかわらずこの言い分は、霊魂の単一性だの世界の始まりが必然的であることを証明するとうたっている世間の形而上学の著者たちよりも、はるかに穏やかなものである。なぜなら、こうした著者は、人間の認識を可能的経験の一切の限界を超えて拡張しようとするが、私のほうは、そういうことはまったく私の力以上であると、つつましく告白するからである。(同)

いわゆるソクラテス論法である。私は、世界の始まりとか、霊魂の本性とは、人間の認識の限界を超えているので知りえないと告白する。しかるに、世間の著者たちは、それらをあたかも知りうると主張する点できわめて不遜だ、と。ここでカントは、いわば「無知の知」を主張しているわけだ。
ここに、哲学者に共通するような不遜だか謙虚だか訳のわからない性格を見てとることもできるが、それはさておき、この主張は、『純粋理性批判』の一つの大きな核となる主張を表現している。

これは『純粋理性批判』の後半、超越論的弁証論でくわしく展開されることになる。その論点とは、従来の形而上学は、人間の認識が及びうる範囲をまったく吟味もせずに、神や霊魂の不死や自由の問題を気軽に論じてきたがゆえに、すべて失敗に帰したのだという論点である。

したがって、正当に形而上学を構築しようとすれば、まずもって〈人間は何を知りうるのか、そして何を知り得ないのか〉を、つまり、客観的認識の成立する範囲を確定しなければならない、ということになる。

これがもっとも基本的な『純粋理性批判』の目論見なのである。

さて、以上は第一版（一七八一）につけられた序文からの引用である。しかし、この序文は、第二版（一七八七）の折りには削除されてしまった。

数学と自然科学の成功に学ぶ

今度は「第二版序文」から、いくつか引用してみよう。

いったい形而上学において、学としての確実な道がこれまで見いだされなかった理由はどこにあるのだろうか。その道を発見するのは、おそらく不可能なのであろうか。……そこで私は、つぎのようなことをしてみたらどうかと思うのである。（B XV）

さて、どういうことをするかというその内容であるが、当時、数学と自然科学という学問が華々しい成功をおさめていた。そこで、カントは、こう考えた。

この両学（数学と自然科学）と形而上学との類比が許すかぎり、形而上学において少なくとも試みに数学および自然科学を模倣してみたらどうか、ということである。我々はこれまで、我々の認識はすべて対象に従って規定されねばならぬと考えていた。（同）

通常なら、それは当然である、と考えるだろう。「雪が白い」という認識は、雪が白いという事実にもとづいている。つまり、認識は対象に従って規定されるのは当然である。ところが、カントはそれではダメだ、というわけである。このコペルニクス的転回については、本書の序章で十分検討したので、ここでは簡単にふれておくだけにしよう。

そこで、対象が私たちの認識に従わなければならないと私たちが想定することで、形而上学のいろいろな課題がもっとうまくゆかないかどうかを、一度試みてみたらどうだろう。（同）

数学と自然科学は、すばらしい成功をおさめてきた。だから、形而上学もそれらを範として、学問として確固とした道を歩むにはどうしたらよいのか。このような文脈で、このコペルニクス的転回が、語られることに注目しておこう。ここで、認識が対象にしたがうのではなく、対象が認識にしたがう、というアイディアが提出されることになる。

私たちが物についてア・プリオリに認識するのは、私たち自身がそのうちへと置きいれるものだけである、ということこそ、私たちが思考法の変革的方法として考えているものである。(BXVIII)

つまり、私たちが何か他のものを認識した、と考えているとき、そこで認識されているのは、他のもののうちにある自分自身である、ということだろう。

形而上学とは何か

ところで、である。これまでもさかんに「形而上学」という言葉が出てくる。いったい、カントが言う「形而上学(Metaphysik)」とは具体的にはなんだろうか。

しかし、その前にこの言葉の基本的意味から考えてみる。形而上学とは、メタ・フィジーク、つまり、「物理・自然」の「背後」という意味であり、基本的には、物理学や自然学を超えるような存在と原理の探求、という意味を持っている。あるいは、感覚や知覚でとらえられる世界を超えた、超越的存在について問うものである、ということになる。つまり、伝統的に言えば、神・霊魂の不死・宇宙の始まりなどを問う学問であることになる。

カントが確立しようとした形而上学は、しかし、これまでのものとは観点が異なる。神学、霊魂学、宇宙論といった、いわば、世界の側の超越的存在がどうなっているのかという関心で探求されるテーマよりも、人間認識の根元的構造を問うこと、つまり、具体的で個別的な認識が可能となるための主観の基本的構造は一体なんなのか、という問題が、「形而上学」ということで考えられてきている、と言っていいだろう。

そして、カントでは、この形而上学の二つの方向への関心、つまり、人間の認識が確実で客観的なものであるための根拠を問う問いと、神、霊魂、宇宙などについて（主に否定的に）問う問いが、それぞれ、『純粋理性批判』の前半部（「感性論」と「分析論」）と後半部（「弁証論」）に対応している。

つまり、先ほど述べたグルーピングに従えば、

（b）グループ「論理学」第二部「弁証論」、が形而上学の伝統的テーマを（否定的に）扱っており、（a）グループ「感性論」＋「論理学」第一部「分析論」、が人間認識の根元的構造はどうなのか、という新たな形而上学を創出していることになるわけである。

物自体という謎

さらに先に進もう。

我々が認識しうるのは、物自体としての対象ではなくて、感性的直観の対象としての物、換言すれば、現象としての物だけである。……ところで、我々はこの同じ対象を、物自体として〈認識する〉ことはできないにせよ、少なくともこれを物自体として〈思惟する〉ことができねばならないという考えは、依然として保証されている。さもないと現象として現れる当のものが存在しないのに、現象が存在するという不合理な命題が生じてくるからである。（B XXVI）

この〈純粋理性〉批判においては、客観（Objekt）が二通りの意味に解される。即ち第一には現象としての客観であり、また第二には物自体としての客観である。（同）

この入門書の第一章「現象概念の確立過程」で見たように、カントにおいて、客観的認識の対象は、物自体ではなくて、現象である。だが、「物自体」は、まったく意味のないものとされているか、といえばそうではない。現象とはつまり、現れるということだが、現れるべき本体がないのに、現れるものが存在する、というのは不合理だ、とカントも主張しているのである。

さらに、カントは客観には二つあると言う。一つは、「現象としての客観」であり、もう一つは「物自体としての客観」である。

いいかげん、なんとかしてくれ！　と言いたくなる。一体、物自体とはなんなのか。

さらに、まだお話していなかったことなのだが、物自体は、単に〈現象の背後になんとなく隠れている本質みたいなもの〉という局面をもつだけでなく、実は、意志の自由、霊魂の不死、神の存在などを表す場合にも、「物自体」という言葉が使われることになるのである。例えば、「現象としての我々—対—物自体としての我々」などという対比も出てくる。

もうどうしたらいいのだろう。しかし、安心してほしい。カントのこの「物自体」という発想が含む困難は、同時代からすでにはっきりと指摘されている。ドイツ観念論の先駆者で、カントの敵対者だったF・H・ヤコービ（一七四三—一八一九）が、カントの物自体について「私は、物自体を前提にせずにはその体系へと入りこむことができず、また、物自体を前提してはその体系のなかにとどまることができない」と述べているのは、きわめて有名である。

物自体という発想を前提しないとカント哲学は理解できないが、また、それを前提したままでは、その体系が成立しないことになる、と言っているわけである。研究者仲間でも、物自体について議論が錯綜してくると、誰かが必ずこのヤコービの言葉を引用することになる。

ここで基本的に押さえておきたい点は二点。

一つは、物自体（Ding an sich＝それ自体における物）の対語は、Ding für uns（我々に対する物）であること。つまり、物自体とは、認識主観から独立した、それ固有の存在のあり方をさすのに対して、その反対は、我々にとっての物、つまり認識可能な現象であること。

奥の深い概念

もう一つは、「物」（Ding ＝英語では thing にあたる）と言っても、「心」とか「こと」とかと対比されるような狭い意味で、ものだけをさすのではなく、もっと広い意味で考えてほしいということだ。つまり、この Ding は広い意味では、こと、事柄、事態（Sache）と同意味である。例えば、手近なドイツ語辞典で Ding を引けば、今日の主な意味は、「物、存在物、事物、物件」などだが、「事件、事柄、こと、事情」なども指すとある。Ding は、ラテン語のレス（res）のドイツ語訳だと考えてもらえば、実はてっとり早い。局面によっては、本質などという意味合いを持つこともある。

この辺の感じを分かっていないと、今後、特に『実践理性批判』などの局面で、「物自体としての人間」なんていう言いまわしがでてきたとき、なんだか「物体になっちゃった人間」みたいに考えてしまうからである。そうではなくて、この場合は、「本質体としての人間」、「本質存在としての人間」などという意味である。

とにかく、解釈史上、「物自体」は常にいつも批判の対象であった。一番徹底的に物自体を拒絶したのが、フィヒテ、シェリング、ヘーゲルなどのドイツ観念論。自我や精神の（ごく簡単に言ってしまえば）邪魔物はいらない、というわけである。

だが、そんなに矛盾した概念である〈物自体〉を内蔵しているカント哲学なら、その哲学自体が、話題にならなくなり、すたれてしまえばよいと思うのに、カント以降の哲学は、つねにカントの物自体を引き合いにだして否定しつづける、という形で、「物自体」を問題にし続けている。つまり、今日風の軽薄な言い方を使えば、〈奥の深い〉概念ということにでもなるだろうか。

超越論的とは何だろうか

これまで論じてきた部分においても、超越論的という言葉がやたらに目につく。というか、『純粋理性批判』のほとんどの重要な言葉には形容詞のようにこの言葉がついている。ところで、『純粋理性批判』のさまざまな翻訳書や解説書を見ていると、似たような箇所に、「先験的」という言葉が出てくる。超越論的と先験的は同じなのか、異なるのか。

まず、この「超越論的」と「先験的」は、まったく同一の言葉、transzendental《トランスツエンデンタール》の訳語である。日本語訳になると、先験的と超越論的では、ずいぶん感じが違うが、とにかく同じなのである。そして、このトランスツェンデンタールは、『純粋理性批判』のもっとも中心的な術語であり、だから、きわめて多様な使われ方をする。この言葉のもっとも正統的な使われ方と思われる箇所をあげておこう。

> 私は、対象に関する認識ではなくて、むしろ我々が一般に対象を認識する仕方に関する認識を超越論的と名づける。（B25）

つまり、個々の具体的な認識が正しいかどうか、という具体的レベルに関わるのではなくて、そのメタのレベル、つまり、そもそも一般に、我々が対象を認識するとはどういうことなのか、それの根本的な条件や構造はどういったものなのか、という次元の議論のことを〈超越論的〉と呼ぼう、というわけである。これは具体的な経験に〈先だっている〉から、意味的に〈先験的〉とも訳されることになった。まあ、感じとして言えば、「あれやこれやの具体性を超えて、そもそもその本質は」、と問う感じ、つまり、〈そもそも性〉という感じで押さえておけばいいだろう。

ア・プリオリとア・ポステリオリ

ついでに、似た言葉で、「ア・プリオリ」という術語がある。これも、『純粋理性批判』の実に中心的な術語で、簡単に説明はできないのだが、ごく簡単に言っておく。

a priori《ア・プリオリ》と a posteriori《ア・ポステリオリ》という対比で、元々の意味は、「より先なるもの」と「より後なるもの」という対比である。具体的に言うと、ア・プリオリは、経験に先立つ、あるいは、経験に由来しない、という意味である。逆に、ア・ポステリオリは、経験に由来し、経験にもとづいている、という意味である。かつては、これらは、先天的と後天的と訳されたが、なにか生物学的な感じがするのと、具体的な時間の前後関係を言っているように誤解されるため、今日では、そのままカナ表記で使われるようになった。

さらに似たような対比で、「純粋（rein）」対「経験的（empirisch）」というのもある。ものすごくおおざっぱな区分けをしておけば、〈超越論的―ア・プリオリ―純粋〉というグループと、〈経験的―

ア・ポステリオリ〉というグループが『純粋理性批判』では対比的に使用されている、と考えてもらってていいと思う。

それからもう一点だけ。「経験」と「経験的」の差。日本語だと、単に「的」がついただけのように思われるが、経験はErfahrung、経験的はempirischで、原語ではまったく異なる。前者は、ニュートラルで、どちらかといえば「客観的認識」を表したりするポジティブな概念だが、後者の「経験的」は、今述べたように、「超越論的」や「純粋」と対比される（あまりポジティブではない）概念、と押さえておいていいだろう。

さてさて、ここまで、『純粋理性批判』「序文」コーナーの見学をしてきた。まだまだ紹介しておかなくてはならないこともたくさんあるし、また「緒言」コーナーにも、いっぱいお見せしたいものがあるのだが、うーん、見学ツアーの規模からいって、ここではこれでよしとしよう。

さっそく、次に、とっても重要でおもしろい「超越論的感性論」のコーナーへと足を踏み入れることにしたい。

2 時間・空間とは何か――超越論的感性論

エステーティクとはなにか？

ここからは時間・空間論に入る。

ア・プリオリな感性（Sinnlichkeit）の諸原理に関する学を、私は超越論的感性論（transzendentale Ästhetik）と名づける。（A21 = B35）

トランスツェンデンターレ・エステーティク。二〇世紀末、せっせとエステに通う人々が、「超越論的エステ」と言ったら、どんなことを想像するだろうか。カントと同時代人のバウムガルテンが、「美学」を表すために造語したラテン語「エステティカ」が、カントの「超越論的感性論」を経て、結局、今日の「美顔術」「痩身術《そうしんじゅつ》」を表すようになるとは、さすがのバウムガルテンも予想しなかったろう。

ところで、お気づきのように、ジンリッヒカイト（Sinnlichkeit）が「感性」と訳され、エステーティク（Ästhetik）も「感性論」と訳されている。普通なら、「超越論的美学」とでも訳したいところだが、内容を見れば、実質的に、感性（Sinnlichkeit）の形式である時間・空間が話題となっているのだから、「美学」と訳したのでは奇妙なことになる。ここでは、「超越論的感性論」でよいのである。以下、ついに具体的に空間と時間についての議論が展開されることになる。

【空間とはなにか？】

空間とは、物自体に属する性質でもなければ、また物自体をこれらの相互の関係においてあらわすものでもない。つまり、空間は物自体を規定するものではない。（A26＝B42）

つまり、空間とは、ものの側のあり方を示すものではない、と言っているわけである。私たちは普通、次のように考える。我々人間が存在していようとしていまいと、宇宙空間は存在しているし、太陽や地球や月も、いま私たちが見ている〈あの感じ〉で空間配置されているに違いない、と。空間がまず存在していなければ、ものたちも存在しえないのではないか。その意味では、空間は、物自体の存在に関わるものだ、と。しかし、カントはここで、そうではない！　と述べているわけである。では、なんだというのか。

【空間は人間の主観的条件である】

空間は、あらゆる現象の形式（Form）にほかならない、つまり、空間は感性の主観的条件である。この条件の下でのみ、われわれにとって外的直観が可能となる。……それだから、我々は人間の立場からのみ、空間とか拡がりのあるものについて語ることができる。(同)

ええ? 本気なのか、カントよ。と、こう言いたくなる。空間は、まず〈ものそのもの〉の形式ではなくて、現象の形式だ、と述べている。さらに、空間は、〈感性の主観的条件〉だというのである。つまり、〈空間〉というのは、人間の都合だ、と言っているわけである。では、もし、人間というものがそもそも存在しないのなら、〈空間〉はいわば、無であるのか? そうだ! とカントは述べている。待て待て。ちょっと先回りして、では、「時間」についてのカントの記述も見ておこう。

時間とはなにか?

じつは、時間も人間の側のものである。

> 時間はそれだけで存立する何かではない。また客観的規定として物に付属しているような何かでもない。したがってまた物の直観を成立させる主観的条件をすべて除きさっても、なおあとに残るような何かでもない。(A32 = B49)

空間と時間はともに、カントによれば、「感性的直観の二つの純粋形式 reine Formen sinnlicher

Anschauung」（A22 = B36）なのだが、その両者とも、モノに付属するような客観的規定なのでは断じてない。空間と時間は、人間の認識の主観的条件、つまり、直観（Anschauung）なのであって、その主観的条件を除いてしまったら、空間も時間も残らない。

分かりやすく言えば、時間・空間は、ものそのものが成立するための条件ではなくて、ものについての人間の認識が成立するための条件である。つまり、時間・空間はものの側にあるのではなくて、認識する側にある存在である、ということなのである。

つまり、カントによれば、世界についての人間の認識が成立するためには空間・時間は不可欠であるが、世界そのものが成立するためにそれらが不可欠であるとは言えない、ということになる。客観的存在としての時間・空間ではなく、世界を時間・空間という人間認識の枠を通して見る、ということなのである。

では、時間・空間という枠を通さない世界そのものはどんなようすなのであろうか？　それこそが物自体であって、そんなもの自体がどんな様子をしているか、などということは、我々人間には知りえないのである。我々人間が正当に知り得るものは、時間と空間という枠内にある存在、つまり「現象」だけなのである。

【主観的条件にもかかわらず客観的である】

時間は、我々人間の直観の主観的（subjektiv）条件にほかならない。そしてこの主観を度外視すれば、時間はそれ自体無（nichts）である。しかしながら、時間は、およそ現象に関しては、必然的に客観的（objektiv）である。（A34 = B51）

私は本書のプロローグで、次のように述べた。すなわち、常識では、正しい認識とは、事物の姿を、主観を交えずありのままに受けとること、と思われている。しかし、カントが『純粋理性批判』で明らかにしたのは、〈あるがままの事物〉をとらえられると考えるのはおろかな妄想にすぎず、認識は徹頭徹尾、主観的な条件で成立しており、そのことによってのみ、認識は客観性を有する、という主張なのである。

つまり、素朴にありのままを認識しようとすれば、それは主観的なものとなり、逆に、世界は主観による構成物だと考えることで、初めて客観的認識が成立する、というパラドキシカルな主張こそ、『純粋理性批判』の根源的テーマなのである、と。このことが、感性の条件である時間・空間について、ここで語られている。時間・空間は、一方では〈無〉であり、他方では、客観性の源泉でもあることになる。では、では、この問題をどう考えたらよいのだろう。

超越論的観念論

カントはさらに一歩を進めた。

それだから我々は、時間の経験的実在性を主張する。しかし我々は、時間に絶対的実在性を与えることを一切拒絶する。（同）

このカントの発言からも分かるように、時間・空間の「経験的実在性」は主張するが、その「絶対的実在性」を拒否する、というわけである。つまり、我々の感性に与えられる対象、つまり、〈現象〉に対しては、時間・空間は、実在性を有する（と言うか、時間・空間が〈現象〉をそもそも成立させる）。しかし、時間・空間を、この感性的直観の形式ではなく、ものの成立の条件と考えることは、まったくの誤解である、ということになるだろう。次のカントの文章はこの点をさらに深めて語っている。

【時間・空間の実在性と観念性】

つまり空間は、我々に対象として外的に現れるものに関しては実在性（Realität＝即ち客観的妥当性）をもつが、しかし、それと同時に、もし物が理性によって物自体として、言いかえれば、我々の感性の性質を考慮せずに考えられるならば、物に関しては観念性（Idealität）をもつわけである。それだから我々は、空間の経験的実在性（すべての可能的な外的経験に関しての）を主張するが、それと同時に、空間の超越論的観念性をも、つまり、我々がすべての経験の可能性の条件を捨てさり、空間を物自体の根底にあるものとして想定するやいなや、空間は何ものでもなく

なるということをも主張する。(A28 = B44)

少々難しいが、とても重要な箇所である。ここで、時間・空間の「経験的実在性 empirische Realität」と「超越論的観念性 transzendentale Idealität」の両者が同時に主張されていることになる。これは、カントの『純粋理性批判』の根本的な態度を表明していることになる。空間・時間の超越論的観念性とは、つまり、時間・空間を、人間認識の主観的条件とは考えずに、物自体が存在するための根底にあるもの、と考えるならば、空間・時間は〈無〉、つまり、単なる観念的なもの、となってしまう。

他方、空間・時間の経験的実在性とは、対象が現象であるならば、時間・空間は客観的妥当性を持つ、確実で実在的なもの、ということである。空間・時間は、経験的にはちゃんと実在しているのだが、超越論的視点から考えてみると、それは単なる観念的なもの、であると言っていいかもしれない。ここでの観念性(Idealität)は実在性と対比的に使われているので、単なる観念的なもの、という意味に解しておいていいだろう。

さてところで、カントの哲学はしばしば「超越論的観念論 transzendentaler Idealismus」と呼ばれる。この名称は、今見ている時間・空間の観念性と深い関わりを持っている。ちょっと関連する箇所をあげておこう。

【すべては現象であり、表象である】

空間あるいは時間において直観されるすべてのもの、つまり、我々にとって可能的な経験のすべての対象は、現象（Erscheinung）以外のなにものでもない。言いかえれば、単なる表象（Vorstellung）以外のなにものでもない。この表象は、我々の〈思想〉以外のところには、それ自身で基礎づけられるような存在をもってはいないのである。私はこの学説を、超越論的観念論となづける。超越論的な実在論者は、我々の感性の変様をそれ自体で存在するものにしてしまい、だからたんなる表象を事象そのものにしてしまうのである。（A490＝B518）

つまり、実在論、観念論といっても、いかなる意味でそうなのかが重要である。カントはみずからを、「超越論的には観念論」だが「経験的には実在論」と位置づける。カントによれば、最悪なのは、「超越論的には実在論」をとり「経験的には観念論」をとる思想だ、ということになる。

つまり、時間・空間は、本来的にそれ自身として存在しているが、経験的場面においては、それは不確かなものである、と考える思想が、カントともっとも敵対することになる。カントによれば、超越論的には、時間・空間は、単なる表象の形式にすぎないのだが、経験の次元においては、我々の主観とは無関係といってもいい形で確実、客観的なものとしてある、ということなのである。

【一〇年前の非難に答える】

カントの革命的な言説は、どんな反応を引きおこしたか。

時間に経験的実在性を認めながら、絶対的超越論的実在性を拒むという私の理論に対して、洞察力のすぐれた学者から一斉に非難の声があがるのを聞いた。（A36＝B53）

覚えておいでだろうか。本書第一章四節「形而上学のすべての秘密を解く鍵」を思いだしてほしい。カントの「七〇年論文」に対して、当時の著名な学者、メンデルスゾーンやランベルトは、異口同音に、カントが時間・空間を実在的なものではなく、主観的条件であると説く点に非難を加えていた。もう一度、思いだしてみよう。

ランベルト「すべての変化は時間と結びついており、時間なしには考えられません。そして、変化というものが実在的であるならば、時間もまた実在的なものです」。（von Lambert 1770.10.13）

メンデルスゾーン「すばらしい論文ですが、しかし、時間は単になにか主観的なものであるという意見に対して、私は賛成することはできません」。（von Mendelssohn 1770.12.25）

一斉の非難の例として、カントはここで、「変化は現実的に存在している。ところで、変化は時間においてのみ可能である。したがって、時間は現実的なものである、というのである。しかしこの非難に答えることは容易である」（A36＝B53）としているから、あの一〇年前の非難に、カントはここではじめて答えることとなったわけである。沈黙の一〇年の後に、はじめて答えるというこの時間感覚はすごいものである。今日の電子メール時代にあって、一〇年後に回答が来たとしたら、私たちはどう対処すればいいのだろう。まあ、それはさておき、カントは次のように回答している。

「しかしこの非難に答えることは容易である。私はこの議論をすべて承認する。時間は確かに、なにか或る現実的なものである。つまり、時間は、内的直観の現実的形式なのである」。(同)

つまり、「時間」は架空《かくう》でも不確かなものでもなく、現実的なのだが、それは、「対象そのもの」としてではなく、「我々の一切の経験を可能にする条件」(同)として、そうなのである。だから、時間に「絶対的実在性を認めることはまったく不可能」である。

結論は、もうきわめてはっきりしている。

「つまり、時間は、対象そのものに付属するものではなくて、対象を直観するところの主観に属するのである」。(A37 = B54)

【天使にとっての空間と時間】

空間も時間も人間の側のものであった。

我々の主観を除きさるならば、あるいは我々の感性一般の主観的性質だけでも除きさるならば、空間および時間における対象の一切の性質や関係はもとより、空間および時間そのものすら消失するだろう。……この仕方は我々に特有であり、それは人間にこそ例外なく存するに違いな

いにせよ、しかし人間以外の存在者にも必ず存するとは限らない。(A43＝B59)

さて、では時間・空間が、人間の認識の主観的条件なのであって、物そのものの側に付属したり物そのものを成立させている条件ではないとすると、人間以外の存在者にとって、時間・空間は無意味であり、無であるのだろうか。まあ、カントにしても、他の存在者、動物や、あるいは天使などにとって、時間・空間が必要なのかどうか、明言することはできないだろう。

もし、天使のための音楽があったとして、彼らは、我々のようにそれを時間系列のうちに展開して聞く必要はないかもしれない。我々で言う〈一瞬〉で、すべての音楽は終了してしまうかもしれない。あるいは、我々で言う〈遠方〉にいる者に出会うために、距離や空間の中を移動する必要があるかどうか、分からない。

我々人間にとっては、世界は、時間と空間という形式のもとに存在している。世界とは、我々にとっては必ず時間的であり、空間的なわけである。しかし、天使にとって世界がそうである、とは限らないし、そもそも世界自体が、時間的・空間的様相で存在しているとは決して断言できないわけである。

【人間以外の知的存在者】

空間と時間という直観の形式を、人間の感性だけに限定する必要はないかもしれない。例えば、人間以外のすべての有限な思惟的存在者も、この点において人間と一致しているということもありえるからである。しかし、この直観様式はやはり感性なのである。それはこの直観様式が派生的直観であって、根元的直観（intuitus originarius）ではないからである。知性的直観は、根元的存在者のみに属し、人間のような存在者――つまり、その現実存在からいっても、またその直観からいっても、依存的であるような存在者には属しえないもののようである。（B72）

さて、ついにカントの本音の発露という感じの箇所である。（ちなみにこの箇所は、第二版の時に新たに書き加えられた文章である）人間の直観は、残念ながら感性的直観であって、知性的直観ではない。だから、直観そのものが対象を産出できるわけではなく、対象は必ず与えられねばならない。だからこそ、カントによれば、人間認識は、感性と悟性との合一によってはじめて成立するのである。

しかし、もし知性的直観を有していたら、物自体を知ることができるかもしれないし、さらには、それを超えて、対象を直観することが、対象の産出になるかもしれない。後に、カントは『判断力批判』（一七九〇）第七七節で、「現象ではなくて物自体を思考するような知性的直観」について、若干控えめな形ではあるが、議論を展開しているのは（カントの知性的直観に興味を持つ研究者には）とても興味深い。この知性的直観は、カントから始まるとされるドイツ観念論、特に、フィヒテやシェリングの哲学においては、いわば、最高原理にまで高められることになるのである。

【仮象・現象・物自体】

対象が我々に現れるままに（wie es erscheint）表象する、というのが私の言い分である。しかしそう言ったからとて私は、これらの対象を単なる仮象（Schein）であるというつもりはない。現象（Erscheinung）においては、対象はもとより、我々が対象に帰する種類の性質もまた現実に与えられている。しかし、かかる性質は、主観と与えられた対象との関係において、主観の直観様式によってのみ規定せられるのである。したがって、この与えられた対象は現象（Erscheinung）であって客観自体（Objekt an sich）としての対象からは区別せられる。（B69）

「超越論的感性論」の見学ツアーを終えるにあたって、最後にもう一度確認の意味で、仮象・現象・物自体の関係の発言を見ておこう。現象は、なにか不確かな〈見かけ〉、〈仮象〉なのではなくて、しっかりと対象の性質まで表している。しかし、この場合、対象は、〈現象としての対象〉であって、〈物自体〉なのではない、ということなのである。

さて、これまでごく簡単に「感性論」を見てきた。次は、いよいよ、『純粋理性批判』の中心的箇所といってもいい、「超越論的分析論」の部屋へと足を進めることにしよう。

3　真理とは何か——超越論的分析論

真理の定義

超越論的分析論は真理の教室である。

古くからの有名な問いがある。その問いで人は論理学者たちを窮地に追いこめると思っていた。それは、「真理とはなにか Was ist Wahrheit ?」という問いである。（A57＝B82）

真理とは何か？　もちろんこれはたいへん根本的な問いであり、また簡単に答えることができない問いである。しかし、カントはここでは、より具体的に、論理学者たちを窮地に追いこむことができるものとして、この問いを問題にしている。

この問いで、論理学者たちは、「みじめな循環論証（Dialexe）をおかす現場を取りおさえられる」か、あるいは「おのれの無知（Unwissenheit）を告白せざるをえなくさせられる」か、どちらかだ、とカントはいうのである。真理とはなにか、という問いを突きつけられて、おのれの無知を告白するのはいいとしても、惨めな循環論法に陥るとはどういうことなのだろうか。続けてカントは次のように述べる。

【真理とは認識とその対象との合致である】

この場合、真理の名目的定義、つまり、真理とは認識とその対象との合致（Übereinstimmung der Erkenntnis mit ihrem Gegenstande）のことであるという定義が与えられており、前提されている。しかし、人は、あらゆる認識にとって真理の普遍的で確実な基準はどんなものかを知ろうと欲するのである。（同）

さてさて、このあたりがカントの真理に対する洞察でも、もっとも興味深く、面白い箇所だと私は思っている。じっくり、解説しておこう。

哲学史上、「真理」の定義として、もっとも基本的なものは、対応説的真理概念 adaequatio《アダエクアティオ》 rerum《レールム》 et《エト》 intellectus《インテレクトゥス》（真理とは事物とその認識との合致である）である。ある事物と、その事物についての認識が合致したとき、真理である、というわけである。

ある事物や事態、例えば、今は冬で雪がふっているとしよう。「雪は白い」という認識が真理であるのは、事態として、雪が白い場合である。雪が白いという事態と、「雪が白い」という認識が合致していれば、つまり真理である。真理の定義としてカントは、このような真理観をまずここでは「前提にして」いる。

しかし、真理をこう考えると、カントが言うように、人々は、「みじめな循環論法」に陥る、というのである。なぜだろうか。よく考えてみよう。

「雪が白い」という認識が、対象と一致しているかどうかを確かめるためにはどうしたらよいだろうか。そう。対象を調べてみればよい。

A：対象を調べてみた。

B：どうだった？

A：うん、やはり、雪は白い。

さて、これで、「雪が白い」という認識と、雪が白いという対象とは合致したことになるのだろうか。よく考えてみよう。これは、認識と対象を比較検討しているように見えて、残念ながら、認識と認識との比較検討にしかなっていないのである。対象を調べてみて分かったこと、それはすでに、対象についての認識になってしまっているのである。われわれの認識の手を離れた、無垢《むく》の対象のあり方をわれわれは決して知ることはできない。

つまり、対象とその認識が合致しているかどうかを調べようとして対象に向かう場合に、われわれができることは、再び対象についての認識を行ってしまうことなのである。だから、真理の〈意味〉としては、つまり名目的定義としては、〈認識とその対象との合致〉という真理論は正しいとしても、これで具体的に真理を追究する基準として考えると、必ず循環論法に陥ってしまうのである。〈対象そのもの〉を追いかけても、常にそれが〈対象についての認識〉となってしまい、いつまでたっても、比較すべき一方の項（対象）に到達しないわけである。

さて、ここから、認識についての真理の「基準（Kriterium）」を求めることのむなしさが分かってくる。

雄やぎの乳をしぼり、ふるいでそれを受ける

カントは続けて次のように言っている。

合理的に問うとはどういうことかを知っているのは重要なことである。なぜなら、問い自体が不合理であって、無用な答えを求めるなら、笑うべき光景を呈するが、この光景は（昔ばなしにもあるように）一人が雄やぎの乳をしぼり、もう一人がふるいでそれを受けているといったようなものである。（A57＝B82）

問い自体がつじつまの合わない不合理なものである場合、この問いを軽率に聞いた人にまた不合理な答えをするよう誤らせる笑うべき光景。一人が乳の出るはずのない雄のやぎの乳をしぼり、もう一人は、それを、もともと穴が空いているふるいで受けとろうとする光景に似ている。カントのこのようなたとえは、なかなかシニカルで面白いものが多い。ここでは、〈真理とは何か〉と問う人も不合理ならば、それに答えようとする論理学者も不合理である、とカントは言っているのである。さて、それはなぜだろうか。

【真理の「普遍的基準」など存在するか】

真理が認識とその対象との合致にあるなら、このことによってその対象は他の諸対象から区別されなければならない。……ところで、真理の普遍的基準は、すべての認識について、その対象の区別なく妥当するようなものであるはずである。(同)

真理が、認識とそれに対応する対象との合致にあるとすると、例えば、認識Aに合致する対象は対象aであり、認識Bに合致する対象は対象bであり、というふうに、ある認識の真理が成立するためには、他のさまざまな諸対象から区別された特定の対象が選びだされなければならない。例えば、これは砂糖である、という認識が真理となるためには、それに対応する対象は、塩でもなくコショウでもなく砂でもなく、まさに砂糖でなければならない。この意味で真理はまさに個別的具体的に確定されることではじめて成立するものである。

しかし他方、もし、「真理の普遍的基準」、つまり、あらゆる認識に通用するような基準を探しだそうとすると、それは、あらゆる認識について妥当しなければならないのだから、その対象の区別なく妥当するようなものでなければならなくなる。そこで、カントは次のように続ける。

【カントが主張する「超越論的真理」とは】

しかし、明らかなのは、この基準にあっては、認識のすべての内容が捨象されているのに、真理はまさしくこの内容に関わるのであるから、認識の内容の真理の基準を問うのは、まったく不可能であり不合理であるということである。……こうした要求はそれ自身において矛盾したことなのである。（A58＝B83）

あらゆる認識に通用する真理の基準など、実は存在しようがないのである。カントのこの洞察はたいへん深いものだと思われる。世の中には、よく「私はあらゆるものの真理、根元的真理を発見した」とか、「すべての問題を解決する真理はこれだ」などと主張する人物や書物がある。

真理は、一方でその事態、その事象に特有のことを述べるから有意義であり真理でありうるのに、あらゆるものに通用するような真理は、その特有さを切りすてなければ成立しえない。あらゆるものの根元的真理、あらゆる認識に通用する真理など、実は自己矛盾を含むものであり、はっきりいえば、インチキである、とカントは主張しているのである。

さて、では、そもそも真理について追究するのはやめよう、とカントは主張しているのだろうか。いやいや、そうではない。カント『純粋理性批判』の目論見は、むしろ、「すべての個々の具体的な認識に先行（vorhergehen）し、それらを可能ならしめる〈超越論的真理 Transzendentale Wahrheit〉」（A146＝B185）を確定することにある。では、この超越論的真理とは一体、どんなものなのだろうか。それは、今見てきたような不合理や矛盾を回避できているのだろうか。
この超越論的真理は、例えば、認識の単なる形式的条件（例えば、矛盾律に従っている）が整っていなければならないことを主張する通常の一般論理学の真理とは異なる。後者は、真理の単なる消極的条件であるが、超越論的真理は、そもそも私たちの認識が客観的に成立するとはどういうことかを、根本から解明しようとするものである。
この「超越論的真理」という主張が理解されるには、まだ、少し学ばなければならないことがある。経験をそもそも可能にする主観的条件としての〈純粋悟性概念（カテゴリー）〉のことが、まず理解されなければならないだろう。

【カテゴリー表一覧】

さて、ここで具体的に、カントのカテゴリー一覧表を示しておこう。

〈カテゴリー表〉

1　分量
- 単一性（Einheit）
- 数多性（Vielheit）
- 総体性（Allheit）

2　性質
- 実在性（Realität）
- 否定性（Negation）
- 制限性（Limitation）

3　関係
- 付属性（Inhärenz）と自存性（Subsistenz）
- 原因性（Kausalität）と依存性（Dependenz）
- 相互性（Gemeinschaft）

4　様態
- 可能（Möglichkeit）――不可能（Unmöglichkeit）
- 現実的存在（Dasein）――非存在（Nichtsein）
- 必然性（Notwendigkeit）――偶然性（Zufälligkeit）

「これが根源的に純粋な概念のすべてを列挙した表である。悟性はみずからのうちにこれらの概念をア・プリオリに含んでいる」。（A80 = B106）

カントによると、このカテゴリー表は、悟性のすべての働きを網羅した一二個の判断形式から導出されたものであり、単なる思いつきや寄せ集めからできあがっているアリストテレスのカテゴリー表のような帰納的なものではない。そして、このカテゴリーが、どうして認識の客観的妥当性を保証するものになるのかを論じるのが、「純粋悟性概念の演繹論」ということになるのである。

ここから、『純粋理性批判』の最深部でもっとも難解と言われる「超越論的演繹論」の問題に入っていこう。

4　カテゴリーこそ客観的認識の根拠である——超越論的演繹論

「経験」が含む形式と質料

次の区別は、カント認識論が成立するための基本中の基本である。

> ところで、経験は、きわめて異なる二つの要素、つまり、認識の〈質料 Materie〉と、この質料に秩序を与える〈形式（形相）Form〉とを含んでいる。（A86＝B118）

認識の材料（つまり〈質料 Materie〉）などは確かに、感性の受容性によって、世界から受けとる。しかし、そのまったくの素材（単なる「多様」）に、形や脈絡を与える（つまり〈形相 Form〉）のは、主観の側の自発性の能力なのである。つまり、ここで、「感性の受容性」と「悟性の自発性」がくっきりとした二元性をなしていて、それとともに、経験の二側面として、経験の質料的側面と、形相（形式）的側面があることになる。

多様なもの、素材、混沌的材料は、確かに世界から受けとらざるをえない。この材料まで自己認識によって生みだすような知性（例えば、神的知性）なら、感性と悟性（知性）の統合によって初めて認識が成立する、なんていう回り道はしなくてすむだろう。だが人間の知性はそうではない。感性によって受けとった素材、混沌を、なにか意味あるもの、脈絡あるものとして関与するのが、悟性の力、具体的にいえば、純粋悟性概念なのである。

ちなみに、〈形相〉と書くと、優秀な人間なら、これを〈ギョウソウ〉と読む。彼はすごいギョウソウをしていた、と使うわけである。しかし、これが哲学分野方言では、そうはいかない。これは、〈ケイソウ〉と呼ぶのが正しい。だから、思想書を読んでいて、形相を〈ぎょうそう〉と読んだら、いっぺんで、こいつシロウトだな、と分かる。

形相・質料という対概念は、哲学の歴史では、きわめて古くからある重要な概念。特に、アリストテレス哲学の基本概念となる。ギリシャ語では、エイドス（eidos）とヒュレー（hylē）、ラテン語だったら、フォルマ（forma）とマテリア（materia）、英語ならフォーム（form）とマター（matter）となる。

プラトンのイデア論を批判したアリストテレスは世界を、形相と質料の関係でとらえていった。この伝統が、カントの認識論にも色濃く反映している。つまり、主観が世界を構成する、と言ったとき、この形相と質料の区別がきわめて重要なポイントとして効いてくる。構成に関わるほうは、形相（形式）であり、受動性に関わるほうは、質料である、と理解するときわめてわかりやすい。

【およそ結合であればすべて悟性の作用】

ところで、多様なもの一般の結合（Verbindung＝conjunctio）は、感官によって我々のうちにやってくることはないし、感性的直観の純粋形式のうちに含まれていることもない。なぜならば、〈結合〉というのは、表象能力の〈自発性〉の作用だからである。……すべての結合は我々がそれに気づこうと気づくまいと、悟性の機能なのであって、我々はこの働きに綜合という一般的な名称を与えるであろう。（B130）

これが、形相（形式）の具体的あり方である、と言ってもいい。認識における結合、つまり、世界（現象）にあるさまざまな結合は、すべて、主観の側が、世界に付与し投げいれたものである、ということである。右でも述べたが、感性の受容性によって、確かに素材となる〈混沌・多様〉は受けとる。しかし、これに形・意味を与えるのは、「実に、主観の自発性の作用」（B130）ということになる。

例えば、ある種のなんらかの多様が、〈太陽〉として定立され、あるいは、〈温まった石〉として定立される。この定立自体でも、ある種、主観の側の自発性がなければ成立しない。だがさらに、因果関係によって、この二つの定立を〈結合〉する場合、つまり、「太陽が石を温めた」という認識は、確かに世界についての認識ではあるが、それは単に世界から受動的に受けとってきたのではなく、

〈因果関係〉というカテゴリーを有している私たち人間にとって特有の認識形態なのである。

つまり、世界それ自体の側で、そうなっているかどうかはまったく分からない。あるいは、他の知的存在者が、〈因果関係〉という手法で世界を認識するのかも、まったく分からない。

しかし、この〈結合〉は決して世界の側に存していたのではなく、悟性という主観の自発性が、読みいれ構成したものなのである。そして、この〈結合〉の最高根拠になるのが、「超越論的統覚」である。

究極の根拠としての「私は考える」

さっそく次を見ていただきたい。

「私は考える（Ich denke）」という意識は、私のあらゆる表象（Vorstellungen）に伴いうるのでなければならない。私はこの意識を純粋統覚（Apperzeption）と名づける。（B132）

さて、「私は考える」という意識が私のあらゆる表象に伴う、というのはどういうことだろう。これは、私の出来事には、必ず、「私は……と考える」という意識がくっつくということ。英語で考えるともう少し分かりやすいが、私に去来するあらゆる思い、出来事には、I think that... というフレーズが頭につく、ということである。例で考えてみよう。「ここに砂糖がある」という表象。しかし、これを厳密に考えれば、「『ここに砂糖がある』と私は考えている」と言っていい、いや、言わなければならなくなるだろう。

よくある例。喧嘩してむっとしている二人の片方が関係を回復しようと、例えば、「夕日がきれいだねえ（The sunset is beautiful.）」。

などと発言したとする。もう一方がまだ機嫌を直していない場合に、次のように返す。「夕日がきれいだって、君が思っているだけだろう（You only think that the sunset is beautiful.）」。

こう言われると、言われたほうはむっとして、

「そりゃ、そうだよ。すべて、そうじゃないか。すべては、アイ・スィンク・ザット・何々、だろう。君だって、夕日がきれいだと私が思っている、と、君が思っているんだろう（You think that I think that the sunset is beautiful.）」。

さらに、相手に闘争エネルギーがあれば、次のように言う。

「そりゃ、そうだよ。だけど、君だって、夕日がきれいだと君が思っていると私が思っていると、君が思っているんじゃないか！（You think that I think that you think that the sunset is beautiful.）」。（以下、続く）

このような議論は、一見ばかばかしいように思われるが、なかなか事態の本質をついている。私にとっての出来事、私にとっての事実、つまり、私に去来するあらゆることには、最終的には、「……と私は考える（Ich denke daß... = I think that...）」が伴わざるをえない、ということである。

例えば、「地球は丸く、太陽の周りを回っていることは、絶対の事実だ！」という主張も、それが〈主張〉であるかぎり、誰かの主張であって、結局、最終的には、必ず「……と私は考える」が伴わざるをえないのである。そして、この最終的・根源的な自己意識をカントは、超越論的統覚（transzendentale Apperzeption）と呼び、人間の最終的で最高の統一の役目を与える。カントの記述を続けて見てみよう。

【超越論的統覚】

私はこれを純粋統覚と名づけて、経験的統覚から区別する。また、根源的統覚とも名づけるが、その理由は、この統覚が、もはや他の統覚から導出されえず、逆にあらゆる他の諸表象に伴う「私は考える」という表象を生みだす自己意識（Selbstbewußtsein）だからである。（B132）

「統覚 Apperzeption」といってもいろいろある。もともとは、ライプニッツが導入した用語であり、「知覚」（Perzeption＝perception）を取りまとめる（ad-）、という意味であると考えてもらってよい。そうすると、先ほどの夕日の例でも分かるように、いろいろな段階での「統覚」による取りまとめがあるわけだ。

しかし、最終根拠たる、「私は考える」の「純粋＝根源的＝超越論的・統覚」は、それらの最終根拠であり、最後につく「私は考える」である。つまり、I think that I think that I think that... を積みかさねていった最終地点、というよりは、このような構造を根底から支えるような究極地点であると言えるだろう。

この話から、デカルトの「コギト・エルゴ・スム（cogito, ergo sum）」（我思うゆえに我あり）を思い浮かべる人もいるだろう。だいたいそれで正解である。この世に確実なものなどないかもしれない。そもそも世界や私など無なのかもしれない。1＋1＝2というのも嘘かもしれない。このように疑えるものはすべて疑っていくと、確実なものなどなに一つ残らないように思われる。「そうだ、すべては虚偽でなにも存在しない！」と疑いつくしたとき、一つ確実なものとして残るものがある。「私は『すべては虚偽でなにも存在しない』と考える」その「私」が残る。「いや、そんなことはない！　そんな私も虚偽である」と言っても、そう言っている「私」はあくまで残る。だいたいこのようなものがデカルトの「コギト・エルゴ・スム」である。カントの「超越論的統覚」の思想も、近世的な人間中心主義の系列にあるといってよいだろう。

カントの戦略

さて、だんだんに、「演繹論」におけるカントの目論見というか、戦略が明らかになってくる。

感性に関して、すべての直観を可能ならしめる最高原則は（超越論的感性論によれば）、直観におけるすべての多様なものが、空間と時間という形式的（formal）条件にしたがうことであった。悟性に関して、すべての直観を可能ならしめる最高原則は、直観における多様なものが、統覚の根源的・総合的統一の諸条件にしたがうということである。(B136)

カントは感性と悟性とを、まったく二つの認識の要素と位置づけ、議論も「感性論」と「論理学・分析論」と別々に論じてきた。しかし、「超越論的演繹論」のここに至って、感性の側に属するとされてきた「直観」が、悟性の最高原則たる「超越論的統覚」の条件にしたがうというのである。

確かに、対象は感性に「与えられ」なければならない。しかし、それは、まったくの多様・混沌として与えられるのであって、なんらの形も意味も有してはいない。この直観の多様が、きちんとした〈客観〈Objekt〉〉として表れるためには、この統覚の根源的統一にあずからなければならない、というのである。感性と悟性の二元論は、受容性と自発性の二元論であるが、ここにいたって、悟性の自発性は、ついに感性のうちにまで染みだしていくことになるわけである。カントは次のように述べる。

それだから、意識の総合的統一は、すべての認識の客観的条件である。私は客観を認識するためにこの条件を必要とするだけでなく、およそ、直観が私にとって客観となるためには(um für mich Objekte zu werden)、直観はこの条件にしたがわなければならないのである。(B138)

悟性の側の統覚の働きは、単に対象の認識をする、という点にあるのではなく、そもそもの認識の対象の成立それ自体に関わる、ということである。「超越論的演繹論」は、確かに、悟性の側の役割を論じる場面なので、感性の受容的側面に対して、悟性の自発性の側面（統覚やカテゴリー）が強調される傾向がある。次の発言は、このことを明確に示していると言っていいだろう。

「結合は決して対象のうちに存在していて知覚によって取りだされるようなものなのではない。この結合はまったく悟性のなすわざである。つまり、悟性は、ア・プリオリに結合する能力であり、また直観における多様な表象を統覚によって統一する能力にほかならない。そしてこの統覚の統一という原則こそ、人間の認識全体の最高の原理なのである」。（B135）

統覚の総合的統一は一切の最高原則である、という主張をとにかく心に留めておいていただきたい。この問題は、本書の第三章で、改めて問題としていきたいと思う。

【直観はカテゴリーにしたがう】

それだから与えられた直観における多様なものもまた、必然的にカテゴリーに従うのである。（B143）

さて、さきほどは、〈直観における多様なもの〉が、「統覚」の統一の原理にしたがう、とあった。今度は、多様なものが「カテゴリー」に必然的にしたがう、とある。このように、この演繹論では、

「悟性」、「カテゴリー」、「統覚」は、なんだか同じように扱われているように見えるのだが、これらをきちんと区別しておく必要はあるだろうか。

基本的には次のような差がある。認識〈能力〉としての「悟性」、それの純粋〈概念〉としての「カテゴリー」、それに「私は……と考える」を生み出す〈自己意識〉としての「統覚」。本書の「はじめに」でも書いたように、この『純粋理性批判』入門の、見学ツアーのレベルでは、これらはだいたい同じ、と思ってもらって差し支えない。もちろん、これら三者の関係と差異を、自分の一生の研究テーマとして選んだカント研究者にとっては、「だいたい同じ」などと聞いたら、烈火のごとく怒るか、呆れて寝込んでしまうか、どちらかだろうが、まあいいだろう。

ここでの要点は、結局、悟性の側の〈力〉が、実は、感性の直観の側の成立にまで影響を及ぼしている、あるいは、悟性の側のカテゴリーや統覚がなければ、そもそも、感性における〈対象〉の成立さえなりたたないのだ、ということをカントは主張しているわけである。

世界は人間の主観が成立させた〈現象〉である

こうして認識の構造が明らかになる。

> 一切の対象に関して、カテゴリーのア・プリオリな妥当性が説明されれば、この演繹の意図が初めて完全に達成される。(B145)

つまり、〈主観〉の側に存している純粋悟性概念（カテゴリー）は、確かに人間にとっての認識の方法なのかもしれない。しかし、なぜそんな〈主観的〉原理が、世界という対象の〈客観的〉あり方を説明するのに役立つのか。普通に考えればまったく分からない。なぜ、そんな〈主観的〉原理が、対象の説明に妥当的なのか、つまり、なぜ、そんな〈主観的〉原理が〈客観的妥当性（Objektive Gültigkeit）〉を有するのか、という問いこそ、『純粋理性批判』の最深部「超越論的演繹論」の根本的問いなのである。

本書のプロローグで、私は自分の高校時代の「アポロ宇宙船がなぜ月に到着できるか」という疑問について述べておいた。私をとりこにし、私からずっと離れなかった問いは、繰りかえしになるが、次のようなことであった。

つまり、数学における1＋1＝2とか微分積分というのは、はたしていったいどんな権利で存在しているのだろうか？　これは人間の頭が考え出した〈発明品〉のように思われるのだが、その人間が〈勝手に〉あみ出した発明品を複雑に駆使した計算の結果が、地球とか月とかいった宇宙の運行になぜぴったり合ってしまうのだろうか？

なぜなら、宇宙は人間が存在するはるか以前から確実に存在しているはずであり、人間の都合とはまったく無関係に独自に存在しているもののはずである。人間が、ある歴史的時点であみ出した算術や数学は、人間の頭の中にある〈知〉であるにすぎないはずなのに、それがなぜ宇宙という〈存在〉

にぴったり合ってしまうのだろうか。

私の疑問は、確かに、〈数学〉の妥当性の問題ととらえることもできる。しかし、やはり、人間の〈知〉がどうして世界の〈存在〉を知ることができるのか、という問いであると言っていい。カントの問いも、人間の都合で存在しているカテゴリーが、なぜ（それとは無関係に存在しているように思われる）世界を説明認識する場合に、きちんと役に立つのだろうか？　というものである。

そして、カントの答えは、まさに、世界（カントの場合は〈現象〉）の成立そのものに、人間の主観的原理であるカテゴリーがそもそも関与しているから、というものである。世界が、人間とまったく関係のない〈物自体〉のことだったなら、確かにカテゴリーは世界の説明にア・プリオリに妥当するものではないだろう。しかし、世界とはカントによれば、〈現象〉のことであり、この現象は、時間・空間という直観と、カテゴリーによって、そもそも初めて成立するものなのである。

本書、第一章の「建築現場」においてあらかじめくどいほど、〈現象〉概念こそ『純粋理性批判』を理解するためのもっとも根本的な発想であると述べておいた。〈物自体〉と〈現象〉の峻別というアイディアこそ、『純粋理性批判』を成立させるもっとも深い考え方なのである。それが、いま、この「演繹論」で初めて明らかになったことと思う。

神的知性ならカテゴリーは不要である

では人間以上の存在者の認識ならどうなるか。

> みずから直観するような悟性（知性）を想像してみよう。このような悟（知）性は、神的知性のようなもので、それは、与えられた対象を表象するのでなく、自分が表象しさえすれば、それによって同時に対象が与えられる、つまり産出されるような知性であろう。そして、このような認識にとっては、カテゴリーはまったく意味を持たないだろう。（B145）

さて、カントが『純粋理性批判』で追究したのは、あくまで、〈人間は何を知りうるのか〉という問題、つまり、人間の認識についての問題であった。では、他の存在者、特に他の知的存在者たちが、世界を認識するとしたら、それはどのような手段によるのだろうか。（もし存在するとして）天使は？　神は？　どんな認識方式を使っているのだろうか。あるいは、彼らに、そもそも〈認識〉など必要あるのだろうか？　つまり、彼らにとって〈他者〉など存在しているのだろうか？

まあ、こんなことはよく分からない。しかし、カントは想像してみる。神的知性（悟性）なら、我々のように〈対象が与えられる必要もない〉し、〈カテゴリーも意味がなくなる〉であろうと。

つまり、時間・空間という直観も、カテゴリーという概念（例えば、因果関係）もすべては、〈人間〉の認識に特有なものである。つまり、時空も因果関係も、人間の認識の都合なのであって、世界そのものの成立にそれらが関わっているのではなく、人間認識の成立にそれらが関わっているのである。

きわめてくどいが、もう一度だけ繰りかえしておく。時間・空間、そして因果関係などは（通常は）、人間の存在に関わらず、世界そのものが成立するための条件だと考えられている。人間がいなくとも、時間・空間はあるし、因果関係も、世界そのものの側に属する法則である、と考えられている。

カントは、否！　と言う。そうではないのだ。それらは、人間が世界を認識するための〈主観的〉条件であって、我々の認識を離れてはそれらは無なのである。しかも、それだけではない。想定される知的存在者、例えば天使や神も、彼らが認識するために、時間・空間や因果関係などを使用することはおそらくないだろう、というのがカントの考えである。

時間・空間や因果関係などのカテゴリーは、人間の認識の成立の条件、つまり、〈現象〉の成立の条件なのであって、物そのものの成立の条件では決してないのである。

本書のはじめ、序章で、『純粋理性批判』のもっとも根源的成果であるものとして次の言葉をあげておいた。

「経験の可能性の条件が、同時に、経験の対象の可能性の条件である」。

いまや、私たちはこのカントの言葉の深い意味を理解できるようになった。経験、この場合は、我々の認識のことと考えてよいが、私たちの〈経験〉が成立する条件、つまり、ここでは時間・空間やカテゴリーなどが、同時に、〈経験の対象〉が成立する条件、つまり、現象が成立するための条件でもある、ということである。認識の成立と、その認識の対象の成立とが同時的であるというところに、カントの認識論の大きな特徴がある。

対象を単に受動的に受けとるのでもなければ、知性が表象するだけで対象を産出してしまうのでもない。能動性と受動性のぎりぎりのせめぎ合いの地点に、『純粋理性批判』の認識理論は成り立っているのである。

このように考えてくると、カントの言う「コペルニクス的転回」の意味もだんだん分かってくるだろう。世界そのもの、つまり、物自体が私たちの認識に従う、と言っているのではない。それは、自分が思うことがそのまま「その対象の産出」(B145)につながる神的知性の場合の話である。だが、時間・空間、およびカテゴリーによって初めて成立する対象世界、つまり現象世界なら、それは人間の認識形態が成立させた世界であり、それについてなら、人間はア・プリオリに認識することが可能となるのである。

さて、そろそろ、『純粋理性批判』の大枠が本書をお読みの方々にも理解されてきていることだろう。『純粋理性批判』見学ツアーもそろそろ終了である。最終章の「『純粋理性批判』の動揺」において、さらに、『純粋理性批判』がはらむ深い問題性を見ていくことにしよう。それは、結局、カントの「超越論的真理」とは結局何であるのか、という問いに答えることでもある。

おっと、しかし、この見学ツアーの最後に、『純粋理性批判』の「超越論的弁証論」を、ほんのちょっとだけ見ておくことにしよう。この弁証論も、『純粋理性批判』では、昔から多くの読者を引きつけてきた箇所である。入り口のところだけ、のぞいておくことにしよう。

5　理性そのもののうちに潜む錯誤――超越論的弁証論

超越論的仮象とはなにか？

さて、弁証論は、ツアー最後の大きな山である。

我々がここで論究しようとするのは、経験的仮象ではなくて、もっぱら〈超越論的仮象〉である。この超越論的仮象は、批判の一切の警告を無視して、カテゴリーの経験的使用の限界外に我々を連れだし、純粋悟性の拡張などというごまかしで我々を釣っているのである。（A295＝B352）

「超越論的弁証論」の根本的課題は、「超越論的仮象」（transzendentale Schein）を論じることである。またまた、〈超越論的〉とついている。この言葉がついたら、カントは、これがとても重要な問題だと考えているのだな、と見なしてもらってよい。さて、例えば、水に棒を入れるとまがって見える。これはカントによれば「経験的仮象」である。これとは次元の異なる「仮象」とはなにか。それは、「カテゴリーの経験的使用の限界外」や「純粋悟性の拡張というごまかし」というのが、キーポイントとなる。

この見学ツアーでもじっくり見てきたように、カントによれば、客観的認識の成立には、感性と悟性との合一がぜひとも必要であった。客観的認識のためには感性が不可欠だというのは、つまり認識の及ぶ範囲を、「時間・空間」という形式でとらえられる対象（＝現象）に限る、ということを意味している。ところで他方、純粋悟性概念（カテゴリー）は論理形式なので、ともすると、あらゆる命題について判断を下したくなる。

そこで、カテゴリーの使用の範囲を経験の限界外まで拡張したりすることで、「超越論的仮象」というものが生じる、というわけである。

〈経験的仮象〉や、単に推論形式に関わる〈論理的仮象〉については、我々の注意が鋭くなりさえすれば、全面的に消滅する。これに反して、超越論的仮象の場合はそうはいかない。


【正体をあばかれた後も、消滅しない仮象】

これに反して超越論的仮象は、仮象であることがすでにあばかれ、またそのとるに足らないものであることが、超越論的批判によって明らかに見抜かれても、それにもかかわらず、依然として仮象であることをやめないのである（例えば、「世界は時間的な始まりを持つ」という命題における仮象）。（A297＝B353）

この超越論的仮象は、カテゴリーが経験の限界を超えでてしまおうとするとき、「我々の単に主観的な必然性」にすぎないものを、「物自体の客観的な必然性」とみなしてしまう、「どうにも避けようのない錯覚」である。それは、ちょうど、天文学者でさえ、上がりはじめの月がそのあとで見る月よりも大きく見えるのをどうしようもないのと同じである。もちろん、天文学者は、「上がりはじめの大きな月という仮象」によってあざむかれはしないけれども。

それで驚きなのは、〈超越論的仮象〉は、純粋理性そのもののうちに源泉を持つとカントが考えている点である。「純粋理性」といえば、本書第一章の「建築現場」でも見てきたように、伝統的真理観では、〈真理〉そのものの源泉であった。感覚や感性は我々を誤謬へと導くことはあっても、神の似姿としての人間の根拠は、〈理性〉や〈知性〉であった。

それなのに、カントはここで、根源的な誤謬の原因を「理性」そのもののうちに認めたのだからすごい。真理観の大転換であるといってもよい。もうカントの時代になると、無条件に「理性」や「知性」を信頼する時代ではなくなってしまった、と言ってもいいだろう。

およそ人間の理性につきまとってどうしても除きようのない仮象を扱うのが、この「弁証論」なのである

さて、この〈超越論的仮象〉は、大きく言って三つ、心理学的仮象、宇宙論的仮象、神学的仮象に分けることができる。この三つに応じて、「弁証論」は次の三つの議論のかたちで展開する。

(1)　純粋理性の誤謬推理（パラロギスムス）
　　自我・霊魂の不滅性などをめぐる問題群
(2)　純粋理性の二律背反（アンチノミー）
　　世界の有限／無限・自由と必然・絶対的存在者などをめぐる問題群
(3)　純粋理性の理想（イデアル）
　　神の存在証明などをめぐる問題群

これらの議論は、ゆっくり見ていくと、それはそれは面白いのだが、本見学ツアーでは、ここのところはバッサリと省略してしまおう。ツアーガイドが、これまでの紹介でガッツを込めすぎて、少々へばってしまったこともある。だが、本当のところは、話を早く先に進めたいのである。この第二章見学ツアーの冒頭のところで述べておいたように、「弁証論」はまたの機会にでもじっくり見学することにしよう。

それでは、それでは、『純粋理性批判』の見学から、『純粋理性批判』の核心部分へと話を進めていこう。

3章 『純粋理性批判』の動揺

カントの家（左下の二階建）

A　カントの不安

『純粋理性批判』を生んだケーニヒスベルクの町

1　ハイデッガーのカント解釈

カントの不安

ハイデッガー（一八八九―一九七六）の『カントと形而上学の問題』（一九二九）は、きわめて有名でかつ優れたカント解釈書である。その中でハイデッガーは次のように述べている。

『純粋理性批判』第一版（一七八一）の基礎づけにおいて、いわば一瞬の間だけ開かれた〈超越論的構想力〉への見通しは、（第二版〔一七八七〕において）再び覆いかくされることとなった。（第三一節「提出された基礎の根源性と、超越論的構想力からのカントの退避」より。なお、訳出にあたっては、木場深定訳、理想社を大いに参照させていただいた）

なになに？　第一版で存在していた〈構想力〉への見通しが、第二版では覆いかくされてしまったと？　構想力は、ドイツ語の原語では、アインビルドゥングスクラフト（Einbildungskraft）であり、英語のイマジネーション（imagination）とほぼ同じと考えてよい。つまり、普通に言えば、〈想像力〉のことである。さらに続けてみよう。

超越論的構想力に根ざす根源的な人間の本質理解は、カントが「我々には知られざる根」について語ったとき、カントがのぞき込まなければならなかった〈未知のもの Unbekannte〉である。……カントは超越論的構想力のさらなる根源的な解釈を遂行しなかった。反対に、カントはこの知られざる根(Unbekannte Wurzel)から退避したのである。(同)

ハイデッガーのカント解釈。なにやらきわめて、意味深長な言葉がならんでいる。なにか、知られざる未知のものをカントはのぞき込んでしまったので、不安から、カントは構想力から退避してきた? まるで、推理小説のくだりを読んでいるようである。カント解釈もハイデッガーのような一級の哲学解釈者の手にかかると、このようにとてもスリリングなものになるのか、という感じである。

この節は、このハイデッガーの興味深い発言の真意を理解することに費やされることになる。基本的問題は、「超越論的構想力」をめぐる問題となるだろう。そして、このハイデッガーの発言を正確に理解することは、同時に、『純粋理性批判』のもっとも深い問題性を理解することになる。

私たちは、第一章「『純粋理性批判』の建築現場」で、この壮大な建築物が最初からできあがっていたものではないことを見た。それとまったく同様に、『純粋理性批判』の成立後もカントの思索は歩みを止めなかった。完成点と思われた『純粋理性批判』(一七八一)は、あらたな根本的な問題をはらむことになったのである。これが第二版(一七八七)の書き換え問題である。

二種類あったカントの「演繹論」

ところで、第二章四節で見てきたように、演繹論において、最高の原理とされていたのは、「超越論的統覚」であった。つまり、悟性の側の〈自発性〉が、結局は感性の側にまでつらぬき通っている、という形で認識の客観的妥当性を確立しようとしていたわけである。「与えられた直観における多様なものもまた、必然的にカテゴリーに従う」というのが、演繹論の基本的方針だったわけである。

しかし、この演繹論の基本的方針は、これでほんとにいいのだろうか？　なぜって、これではなんだか悟性側の力が強すぎて、感性の存在などどうでもいいように思われるからである。

本書、第一章の「建築現場」で見てきたように、現象の成立には、感性と悟性の両方の協力が不可欠である。『純粋理性批判』によれば、客観的認識が成立するためには感性と悟性という二つの「契機」が必要であり、この「まったく異質な（ganz ungleichartig）な」（A137＝B176）二つの契機がしかも「合一（vereinigen）することによってのみ認識は成立する」（A51＝B75）とされているはずだった。

このような、異質なものの合一によって認識が成立するという考えこそ、『純粋理性批判』を特徴づける思想であって、カント以前のような、感性と悟性を峻別し、感性的認識と悟性的認識という二種類の認識を設ける思想とは、人間の認識の本質をとらえるにあたって、根本的に異なっているというのが『純粋理性批判』における初心だったはずだ。

カントの思想を本書で学んできて、すでにカントに感心してカント・ファンになった読者がいるかもしれない。なんだい、カント先生にいちゃもんつける気かい？　と言われそうな気がする。

今さら言いだしにくいのだが、実は皆様に黙っていたことがある。見学ツアーの折りにも、お話しなきゃ、お話しなきゃ、と思って、つい言いそびれていたことがある。第二章四節「演繹論」ツアーで見学した箇所は、実は第二版（一七八七）の折りに、新たにカントによって書きかえられたものだったのである。つまり、『純粋理性批判』が初めて出版された一七八一年に書かれていた「演繹論」は、まったく別物だったということである。

もちろん、注意深い読者ならそのことにうすうす気づいていたかもしれない。『純粋理性批判』の他の箇所の引用は、例えば、（A51＝B75）というように、第一版と第二版のページ付けが併記されていたのに、あの「演繹論」だけは、（B130）というように、単に第二版のページ付けしか記されていなかったからである。

つまり、これは一七八七年の第二版の時に初めて発表されたものである。と言うことは、第一版だけの、（A99）というような、まったく別の演繹論が存在しているのである。その第一版「演繹論」は、どんな様子だったのだろうか。第二版「演繹論」となにがどのように異なっているのだろうか？

綜合はすべて構想力の働きである

『純粋理性批判』の「演繹論」(「純粋悟性概念の演繹について」)の章は、こまかく言うと、

第一節　超越論的演繹論の諸原理について

第二節　純粋悟性概念の演繹

の二つに分かれている。そして、第二版で完全に書きかえられたのは、第二節の箇所であり、第一節は、ごく小さな書きかえ以外は、そのままの形で第二版にも使われている。また、この「演繹論」に先行して、「純粋悟性概念を残らず発見する手引きについて」という章がある。この箇所も、第二版での数ページの書きくわえがあるほかは、第一版と第二版共通である。

これから、しばらく第一版(一七八一)の流れにそって、演繹論を見てみよう。中心となるのは、もちろん「構想力」の問題である。カントはここで、「結合」「綜合」の問題を論じている。第一版の「演繹論」は実は、三段階の「綜合」によって論が進められる。「綜合」とはカントによれば次のとおりである。

私が最も一般的な意味で綜合(Synthesis)と解しているのは、さまざまな諸表象をたがいに加えあわせて、それらの多様性を一つの認識として(in einer Erkenntnis)包括する働きのことで

ある。（A77＝B103）

あるいは、

多様がある種の方法で貫通され、受容され、そして結合され、このようにして一つの認識がつくられる。この働きを私は綜合と名づける。（A77＝B102）

ところで、「一つの認識」が成立するためにはぜひとも必要な「綜合」の機能をになうのは何であろうか。第一版（つまり、第二版で削除されなかった部分）のカントは言う。

総じて、綜合というのは、盲目ではあるが、心の欠くべからざる機能である構想力の働きによるのである。（Die Synthesis überhaupt ist die bloße Wirkung der Einbildungskraft, einer blinden, obgleich unentbehrlichen Funktion der Seele,）構想力なしではそもそもいかなる認識をも所有することはできないが、しかし我々はこのことに気づくことはめったにない（ohne die wir überall gar keine Erkenntnis haben würden, der wir uns aber selten nur einmal bewußt sind.)。（A78＝B103）

ここの記述はとても重要なので、ドイツ語原語も記しておく。気が向いたら、ドイツ語辞典をめくって、ちょっと『純粋理性批判』を原語で読む〈喜び〉（?·）を味わっていただきたい。さて、あれ、あれ、あれ？　である。ちょっとおかしいぞ。綜合が、構想力の働きだ？　これは少しおかしいではないか。私たちが本書第二章の見学ツアーで、「演繹論」を見たときには、確か、

すべての結合は我々がそれに気づこうと気づくまいと、悟性の機能なのであって、我々はこの働きに綜合という一般的な名称を与えるであろう。（B 130）

と言われていたではないか！　つまり、第二版においては、「綜合」は悟性の機能と言われていたのに、この第一版においては、「綜合」は「心の欠くべからざる機能である構想力」の働きとなっているのである。しかも、「構想力なしではそもそもいかなる認識をも所有できない」なんて話は、第二版の演繹論では一切聞いたことがなかったぞ！　「構想力」はそんなに重要な役割をになうのだろうか？

第一版「演繹論」のスーパースター、構想力

本来なら、第一版の「演繹論」についてもかなり綿密にお話しないといけないのだが、今回は、私を信用していただいて、構想力に関係する場面だけをお話しておきたい。

ついに第一版「演繹論」からの引用である。

構想力は、したがって、ひとつのア・プリオリな〈綜合〉の能力でもあり、そのために、我々はそれに生産的構想力という名称を与える。……だから、きわめて奇妙に聞こえる(zwar befremdlich)かもしれないが、これまで述べてきたことからどうしても明らかなのは、構想力のこの超越論的機能を介してのみ、……、経験自身も初めて可能となるということなのである。(A123)

ここで、構想力は〈綜合〉の能力で、構想力によって、経験も初めて可能になる、とカント自身ためらいつつ語っている。構想力を語るカントはいつでも迷っている。歯切れが悪い。なにか、不安げである。「きわめて奇妙だが」、「ほとんど我々は気づかないのだが」の連発である。さて、続けて第一版「演繹論」を見てみよう。

それゆえ、すべての認識の根底にア・プリオリに存在している人間の心の根本能力として(als ein Grundvermögen der menschlichen Seele)、我々は純粋構想力を持っている。この構想力を介して我々は、一方にある直観の多様と、他方にある純粋統覚の必然的統一の条件とを、一つに結合する。感性と悟性という両極端が必然的に連関するためには、構想力の超越論的機能を媒介と

せねばならない。(A124)

おお、すごい! ではないか。第二版では、統覚が感性のすみずみにまで降りていく、という構造だったのが、この第一版では、〈直観の多様〉と〈統覚の統一〉とを一つに結合するのは構想力なのである。感性と悟性とが合一することによってのみ認識が成立する、というカントの立場からいって、その合一を可能にする〈構想力〉はきわめて根源的で重要な役割をはたすことになる。では、統覚との関係でみると、どうだろうか?

〈統覚〉の超越論的統一は、〈構想力〉の純粋綜合に関係している。この構想力の純粋綜合は、認識における多様なもののすべての結合を可能ならしめるア・プリオリな条件である。……したがって、〈構想力〉の純粋(生産的)綜合の必然的統一の原理は、〈統覚〉に先行して(vor der Apperzeption)、すべての認識、特に、経験の可能性の根拠である。(A118)

おや、おや? である。いや、驚き! である。(第二版では、最高の原理にまで高められることになる)〈統覚〉に「先行して」、(この第一版の「演繹論」では)構想力は、すべての認識を可能にする根拠である、と語られているからである。すごいことである。いったい〈構想力〉よ、お前は何ものなのだ?

しかし、では『純粋理性批判』第一版においては、「構想力」が認識の最高原理にまで高められているのか、というと、そうではない、という点にも触れておかなければならない。特に「構想力」とは何なのか、それは認識諸能力のうちでどのような位置を占めるのかという点になると、カントの論述ははなはだ心もとない。

「構想力」は時には感性的なものとして位置づけられたり、あるいは悟性の働きの一側面をあらわすものとされたりする。このあいまいさの理由として一つ考えられるのは、客観的認識の成立を論じる「演繹論」においては、統覚の側から論述を始める「上からの道」と、感性の側から始める「下からの道」とがある。そして統覚の側から話が進められる場合には、「構想力」は「悟性の内官に対する影響」として語られ、また逆に感性の側から論じられる場合には「構想力」の感性的な面が強調されることになるという側面は確かにある。

しかしそうはいっても、このあいまいさは単に論述の仕方だけには解消しきれないものがある。このあいまいさは、むしろ「構想力」それ自身が感性的な面と悟性的な面の両面を未分化の形で有しており、感性・悟性のいずれか一方に吸収されることのできないものだ、と考えたほうがより真実に近いと思われる。

この点をはっきり示しているのが、「超越論的図式論」での「構想力」の役割である。見学ツアーでは省略してしまった「超越論的図式論」は、「演繹論」にすぐ続く箇所なのであるが、ここをちょっとだけのぞいておくことにしよう。

2　感性と悟性の〈共通の根〉

秘められた起爆力

「超越論的図式論」の基本的問いは次のようなものである。

純粋悟性概念は、感性的直観と比較すれば、まったく〈異種的〉である。だとすれば、純粋悟性概念のもとへの経験的直観の「包摂《ほうせつ》」、つまり、カテゴリーの現象への「適用」はいかにして可能なのか。（A137＝B176）

悟性と感性が〈合一〉して、初めて認識は成立するのだが、その〈合一〉は具体的にはどのようにして可能なのだろうか。というのも、カテゴリーと直観はまったく〈異種的〉だから、その水と油がどのようにして合一したらよいかは確かに問題である。ここに登場するのが、「図式（Schema）」である。

さて、明らかなのは、一方ではカテゴリーと、他方では現象と〈同種的〉であり、前者が後者へと適用されることを可能ならしめる〈第三のもの〉がなければならない。媒介の働きをするこの表象は、一方では知（悟）性的であり、他方では感性的であらねばならない。そうしたものが〈超越論的図式〉にほかならない。（A138＝B177）

図式は、純粋悟性概念に、客観との連関を、したがって意義（Bedeutung）を提供する真の唯一の条件である。（A145＝B185）

そうか、この図式論では、認識の成り立ちにもっとも根本的な役割を果たすのは、〈図式〉であるということになる。しからば、図式の役割をになうのは？　そう、それが〈構想力〉なのである。

図式はそれ自体はいつでも〈構想力〉の産物にほかならない。（A140＝B179）

まとめよう。この図式論においては、「超越論的図式」とは、「一方ではカテゴリーと、他方では現象と同種的（in Gleichartigkeit）で、前者の後者への適用を可能にする第三のもの」であり、また「一方では知性的であるとともに他方では感性的な」性格を持つ「超越論的図式」は、「常に構想力の産物」なのだ、というわけである。ここでも、〈構想力〉は、知性と感性の両側面を有し、両者を媒介する役割を与えられている。

こう見てくると、ここで、あのあまりにも有名な（といってもカント研究者の内輪《うちわ》の話かもしれないが）カントの言葉が思いうかぶのである。

人間の認識には二つの幹、つまり悟性と感性があり、これらの幹はおそらくは、一つの共通な、しかし我々には未知の根から発している。（A15＝B29、また『人間学』第三一節参照）

まったく別物であったはずの〈悟性〉と〈感性〉は、実は、〈共通の根〉から発している二つの幹に他ならないとカントは言っているである。この「未知の根」とは「構想力」のことなのだろうか。この点について、カントは決してはっきりと語ったことはないのである。というのも、もし、感性と悟性が何らかの共通の根から発しているならば、感性と悟性の〈二元論〉は崩れる。それは〈根源的な未知の根〉一元論となってしまうだろう。「構想力」は、そのようなきわめて大きな可能性と起爆力を秘めた存在なのである。

削除された構想力

さて、では、第二版における書きかえ問題に入ろう。カントは『純粋理性批判』の第二版において、「悟性概念の演繹の晦渋《かいじゅう》さを取りのぞく」（B XXVIII）という理由で、第一版の「演繹論」をほとんど書きあらためてしまった。『純粋理性批判』の計画の形式ならびに完璧さにおいては、「私は何一つとして変更すべきものを見いださない」（B XXXVII）と第二版の「序文」で豪語しているのだから、やはりカントはすごい性格である。

しかし、カント自身のこの発言とは裏腹に、「構想力」の位置づけは決定的な変更をこうむっている、と言わざるをえない。

まずはっきりしているのは、「綜合」をになう役目が、構想力から悟性へと書きかえられていることは、誰の目にも明らかである。

第一版での「総じて、綜合というのは、盲目ではあるが、心の欠くべからざる機能である構想力の働きによるのである」（A78＝B103）は、第二版では、「すべての結合は悟性の機能なのであって、我々はこの働きに綜合という一般的な名称を与えるであろう」（B 130）とされたことは前にも見た通りであった。

では、第二版の演繹論では「構想力」はどう扱われるようになったのか。カントは次のように逡《しゅん》巡《じゅん》する。

構想力は、対象をその対象が現前していなくても直観において表象する能力である。ところで、あらゆる私たちの直観は感性的であるから、構想力は……感性に属する。しかしそうは言ってみても構想力の綜合はなんとしても自発性のひとつの行使であって、それは規定するものであって、感性のように規定されるものではない……。（B151）

構想力は一方では感性に属する。しかし、やはり構想力は自発性だから、感性には属しない、云々とカントは迷っているのである。なぜ、こんなことになってしまったのか？　第一版のカントは、認識能力として〈心の三元性〉を中心に論じていた。だから、悟性にも感性にも属さない「第三のもの」としての「構想力」が重要な役割を占めていた。

ところが、第二版では、悟性（自発性）と感性（受動性）という二元性でカントは議論を進めるようになったのである。そこでは、構想力の両義性は、単にあいまい性と映る。

この〈心の三元性〉は、次の第一版での記述を見ると分かる。

心の能力として、三つの根源的能力があり、それらはすべての経験の可能性の条件を含んでいる。またそれらは、いかなる他の能力からも導出できない独自の能力である。それは、〈感官（Sinn）〉、〈構想力（Einbildungskraft）〉、〈統覚（Apperzeption）〉の三つである。（A94）

ところがこのくだりは、第二版ではわざわざこの箇所だけ削除され、まったく別な文章に書きかえられているのである。第二版においては、第一版における心の能力の三元性はしりぞき、かわって感性と悟性との二元性が中心となり、むしろ「受動性」と「能動性」の区別が前面におしだされて論が進められるために、「構想力」の両義性は、単なるあいまいさとして感性と悟性とにそれぞれ吸収される運命にある。さきほどの（B151）のカントの逡巡の続きをみよう。

……だから、構想力の超越論的綜合は、感性に対しておこなう悟性の作用の一つなのであり、また我々に可能な直観の諸対象への、悟性の最初の適用なのである。（B152）

おお！　である。構想力は、実は悟性だった、ということになったのである。ものすごい変更である。

さらに注目すべきは、本書で何回か引用している「心の不可欠な機能である構想力」（A78）という句が、のちにわざわざ、「悟性の一つの機能である構想力（Einbildungskraft, einer Funktion des Verstandes）」（in Kants Handexemplar, Nachtrage XLI）と書きかえられるにいたるのである。カントによる、構想力の徹底的な消去、なのである。

ハイデッガーの評価

さて、これでだいたいの事情がお分かりであろう。そして、本章の冒頭に引用したハイデッガーの言葉の意味も、かなりお分かりいただけたことと思う。『純粋理性批判』において一瞬の間だけ開かれた「超越論的構想力」への見通しは、第二版で再び閉ざされてしまった。カントは「知られざる根」から撤退した。ハイデッガーは、構想力の第一版と第二版との位置づけの大幅な変化を指して、このようなカント解釈を遂行したわけである。
ハイデッガーの解釈をもう少し見てみよう。

超越論的構想力は、不安の念を起こさせる未知のものであり、このことが「超越論的演繹論」の第二版改稿の動因となったのである。（同第三一節）

超越論的構想力はその可能的統一において感性と悟性を根源的に媒介するという自律的な根本能力としての機能をもはや営まず、この中間能力はいわば、二つの単独に立てられた心の根本源泉の間から墜落する。（同）

それにしてもなぜ、カントは超越論的構想力から退避したのであろうか？　ハイデッガーの解釈を以下にあげておこう。

(1)　感性のこの低級な能力がどうして理性の本質をなし得るというのか。最下位のものが最上位におかれるならば、すべてが混乱に陥りはしないか。ラチオとロゴスが形而上学において中心的機能を果たすあの栄誉ある伝統はどうなるのか。

(2)　超越論的感性論と論理学が主題とするものが根本において超越論的構想力であるべきだとすれ

ば、『純粋理性批判』の建築性、つまり、超越論的感性論と超越論的論理学という構造は維持されなくなるのではないか。

(3) 純粋理性が、超越論的構想力に転化するとすれば、『純粋理性批判』は、それ自身主題を奪われてしまうのではないか。この基礎づけは一つの深淵の前へ導くのではないか。

(4) 問いを徹底していくことでカントは〈未知なもの〉を見てしまった。彼は撤退しなければならなかった。なぜなら、超越論的構想力が彼を驚かせたばかりでなく、やがて純粋理性が、〈理性として〉なおいっそう強く彼を呪縛したからであった。

以上、ハイデッガーの言うところを簡単に解説しておこう。

「構想力」は、形而上学において上級認識能力である「理性」や「知(悟)性」にくらべて、伝統的に下級認識能力と位置づけられてきた。その下級認識能力を頂点に掲げるならば、すべては混乱に陥るのではないか。さらに、感性と悟性の根本に、構想力があるとしてしまうと、カントの基本的立場である二元論は、構想力一元論へと転化してしまう。また、純粋理性自身が、他なるものへと転化してしまう可能性さえある。ハイデッガーによれば、カントは『純粋理性批判』第一版の完成時において、これらの問題をかいま見てしまったがゆえに、理性主義へと逃げもどった、というわけである。

ハイデッガーは、さらにこの「超越論的構想力」の問題をハイデッガーの中心的関心事である、「時間性」の問題へとつなげていく。このことは、本書の直接の関心事ではないので、ここでははくことにしよう。

さて、このハイデッガーの影響を強く受けた我が国の哲学者、三木清は、『構想力の論理』で、広く構想力の問題を展開した。三木も、カントの『純粋理性批判』について、「実際、第二版においては構想力の地位は著しく低められてをり、殆ど抹殺されようとさへしてゐる」と解釈している。

坂部恵と能動知性

さらに、このカントにおける構想力の問題に、長い間、注目している哲学者として、坂部恵の研究をあげておこう。坂部は、アリストテレスから始まる、知性（nous, intellectus）と理性（logos, ratio）の拮抗《きっこう》関係を、中世の普遍論争の根本問題としてとらえ、カントにおいて、理性と知性の力関係が逆転して、理性が、知性の上位にくるさまをきわめてドラマチックに描く（坂部恵『ヨーロッパ精神史入門』岩波書店、一九九七）。

近世における唯名論的潮流のなかで、（能動）知性が生き生きとした力を失い、没落して（つまり「悟性」になる）、理性に最高の座を明けわたすことになるのだが、カントは、その空位となった（能動）知性の座を補完するものとして、「超越論的構想力」を選んだが、その試みは完遂されることはなかった。これが、坂部の「構想力」理解である。

坂部は、従来の哲学史を実に生き生きと新たに見直す視点を提供しているだけでなく、現代のさまざまな思想的問題を見る有効な視点ともなっている。つまり、この「構想力」の位置づけ問題は、現代思想界でもアクティブな問題であり続けているわけである。

こういった問題については、私も参加したカントをめぐる次の二つの対談・座談会を参照していただけたら、と思う。

・「破壊するカント」坂部恵＋黒崎政男対談　『現代思想　総特集＝カント』青土社、一九九四・三
・「カントのアクチュアリティー」坂部恵＋浅田彰＋柄谷行人＋黒崎政男＝共同討議　季刊『批評空間』太田出版、一九九八・九

さて、もう一度、カント自身に戻ろう。これまでの考察から、感性と悟性の二元論的構図において媒介の役をになうはずの「構想力」の位置づけの困難さが明らかになったと思う。このような事情を、カントの次の言葉は明確に表現している。

ところで悟性と感性とは、それらが同種のものでないにもかかわらず、しかも私たちの認識を生ずるにあたっては、おのずから同胞の契りを結ぶ。それはまるで一方が他方を、あるいは両方が一つの共同の幹を、その根源としているかのようである。しかしこんなことはありえないことだし、少なくとも私たちは、いかにして異種のものが同一の根から発生するかを理解することは出来ない。（『人間学』第三一節　Aka. VII. 177）

ここには、二元論という発想そのものの根本的な困難がよく表されていると言ってよいだろう。AとBがある。それぞれは独立している。しかし、AとBが共同し溶けあうことで初めて全体が成立する。独立しておりながら、根本的には結びつかなければならない。このような二元論の問題を深く深く追究したのは、カントを批判的に継承し、ドイツ観念論を完成させたと言われるヘーゲルであった。

「感性」と「悟性」という二元論。それを媒介する「構想力」。こんな面白い構図をヘーゲルが見逃すわけはない。若きイエナ期ヘーゲルは、最初期からこの「構想力問題」の核心をとらえていた。そんなわけで、『純粋理性批判』の入門書としては寄り道になるが、ヘーゲルのカント構想力解釈はきわめて見事なものであり、もしかすると一〇〇年後のハイデッガーによるカント解釈を、すでに高く超えているとも言える。ちょっと見ておくことにしよう。

3　イエナ期ヘーゲルの慧眼

カント主義者だったヘーゲル

ヘーゲル（一七七〇―一八三一）は、カントやフィヒテの立場を批判的に継承して、ドイツ観念論を完成させた人物として有名である。生まれたのは、ちょうどカントが「七〇年論文」を書いた年である。彼はごく若い時分は、カント哲学に影響を受け、カント主義に傾いていたが、しだいに、カント哲学の二元論的前提を難点と考えるようになった。ヘーゲルの主著と言える『精神現象学』は一八〇六／七年に完成するが、それに先立つ数年がイエナ大学私講師ヘーゲルの時代である。

イエナ期の著書『信仰と知』（一八〇二）において、ヘーゲルは『純粋理性批判』の「演繹論」の「超越論的統覚」を、「主観と客観の同一性」を表現するものとして評価している。しかしそれと同時に、ヘーゲルはカントにおける「構想力」の超越論的機能にも注目する。ヘーゲルは『純粋理性批判』の中心的な問いを「ア・プリオリな綜合判断はいかにして可能か」としてとらえ、これは「非同一なものが同時にア・プリオリに同一であるという理念を表現しているものにほかならない」（ズールカンプ版ヘーゲル全集第二巻三〇四頁。なお訳出にあたっては、久保陽一訳、公論社を大いに参照させていただいた）として評価している。

カント哲学の核心をとらえるヘーゲル

このヘーゲルのカント理解は、カント哲学の核心を見事にとらえたものとして、驚嘆に値する。というのも、同時代人のカント理解はかなりお粗末なものであり、カントもまわりのあまりの無理解にいつも落ちこんでいたことだろう。今日、十分に研究が進んだカント解釈においても、その最初期に位置するヘーゲルのカント理解から学ぶことは多いと思われる。

ヘーゲルはカントにおける感性と悟性の関係を次のように述べる。

ここから明らかなように、カントの直観形式と思惟形式とが、ふつう考えられているように特殊な別々の能力としてまったく分離してあるのではない。(同)

つまり、感性も悟性もそれぞれ別個に存在するのではなく、むしろその根底には「根源的綜合的統一」(同三〇五頁)すなわち、

対立するものから生みだされた所産としてではなく、対立物の真に必然的で絶対的な、つまり根源的な同一性として把握されねばならないような統一(同)

が存していなければならない。そしてこれがカントにおける「産出的構想力の原理」なのだ、とヘーゲルは解釈するのである。

つまり、根源的綜合としての統一があって、「この統一から、思惟する主観としての自我と、身体と世界としての多様が初めて分裂してくる」(同三〇七頁)のだから、「構想力を、実在的で絶対的な主観と絶対的に実在する世界との間に、あとから挿入されるような媒介項」と考えてはならず(同三〇八頁)、

構想力は第一のもの根源的なものであって、そこから初めて主観的な自我と客観的な世界とが必然的に二分化された現象および結果として分離してくる（同）

ようなものだと。つまり、ヘーゲルの解釈によれば、カントの「構想力」とは「一面から言えば主観一般であるが、他面から言えば客観であり、根源的には主観と客観の両者であって、これはつまり理性そのものにほかならず……ただ経験的意識の領域に現象するものとしての理性」（同）なのである。

根源的統一原理としての構想力

このようにヘーゲルは、カントの「構想力」をカント自身が言おうとして言えなかった「根源的統一の原理」としてとらえることで次のように述べている。

このようにしてカントは実は「いかにしてア・プリオリな綜合判断は可能か」という自己の問いを解決してしまっているのだ。ア・プリオリな綜合判断は、非同一なものの根源的絶対的同一性によって可能なのである。（同三〇七頁）

それゆえ、我々はカントの功績を、彼がカテゴリーにおいて表現されている形式を、それが絶対的な有限性を示すものとして人間の認識能力のうちに措定したということに置くのではなく、むしろ彼が〈超越論的構想力〉という形式のうちに真のアプリオリテートの理念を貫いたことのうちに見なければならない。（同三一六頁）

しかし、カントは、「産出的構想力」を、ヘーゲルが解釈した「超越論的構想力」という、いま見てきたような形で積極的に展開することは結局できなかった。この点については、本書三章の「第一版と第二版の差異問題」でじっくりみてきたとおりである。一瞬かいま見えた可能性から、カントは（ハイデッガーの言葉を使えば）「撤退」してしまったのである。

ヘーゲルの言葉で言えば、カントは「真にア・プリオリなものを再びただの統一に、つまり根源的綜合的ではない統一にしてしまった」（同三〇九頁）ということになる。つまり「一方の側に自我性と悟性の絶対的な点を、もう一方の側に絶対的多様性あるいは感覚をおく形式的観念論、つまり二元論」をカントは結局は脱していないのだと、ヘーゲルは断ずるのである。

構想力こそは直観的知性である

さて、ヘーゲルのこのような力強いカント（感性と悟性の）二元論批判はどこからやってくるのだろうか。ヘーゲルは哲学的確信として、どんなことを胸に抱いているのだろうか。もう少し、ヘーゲルの言うところを聞いてみよう。

ヘーゲルは、「直観的悟（知）性」の話を持ちだしてくる。

（カントがごくまれに論じるのだが）直観的悟（知）性という理念（Idee eines anschauenden Verstandes）がある。この直観的知（悟）性においては、可能性と現実性とは一つのものであり、またこの知性にとっては概念と感性的直観の両者は消滅している。……そしてこの原型的直観的知性の理念は、根本においては、今見てきた超越論的構想力の理念とまったく同じものなのである。（同三二五頁）

おっと、すごいことになってきた。ヘーゲルは、カントの「超越論的構想力」が、「直観的悟（知）性」と同じものだ、と断じているのである。なにがすごいかって？　このことを理解していただくために、ちょっと思いだしてもらいたいことがある。見学ツアー第四節「演繹論」のところで、カントが「神的知性」について語っていたことを覚えておられるだろうか。ちょっと繰りかえしてみる。カントはこう言っていた。

みずから直観するような悟性（知性）を想像してみよう。このような悟性は、神的知性のようなもので、それは、与えられた対象を表象するのでなく、自分が表象しさえすれば、それによって同時に対象が与えられる、つまり産出されるような知性であろう。そして、このような認識にとっては、カテゴリーはまったく意味を持たないだろう。（B145）

もし、直観的知性、つまり、神的知性が可能であったならば、感性に対象が与えられる必要はなく、また、悟性のカテゴリーも必要ない、とカントは考えている。そして、人間の知性はこういう知性ではない、というのが『純粋理性批判』の基本的立場である。そして、この「直観的知性の理念」の話は、のちの『判断力批判』においても登場する。

若きヘーゲルは、カントがごくまれに、しかも、「理念」というかたちでしか語らなかった「直観的知性」を、見事に拾いあげ、また、カントが迷いに迷いながら論じ、最後は消しさろうとした「超越論的構想力」に着目し、さらに、この両者を、「同一のものだ」として結びつけてしまったのである。ね、ヘーゲルはすごいでしょう？

つまりヘーゲルによれば、「超越論的構想力」は、一方では〈直観的〉活動であると同時に、その内的統一はまったく〈悟性そのものの統一〉なのだから、次のようにはっきり言うことができる。

したがって超越論的構想力は、それ自身まったく直観的知性そのものなのである。（ズールカンプ版ヘーゲル全集第二巻三二五頁）

確かに若きヘーゲルが主張するように、「超越論的構想力」や「直観的知性」を単に理念としてではなく、認識理論の根本にすえてしまえば、話は簡単である。カントにおける困難（アポリア）は、〈超越論的なもの〉と〈経験的なもの〉、「悟性」と「感性」などという二元論的構図とその媒介ないし連関の問題と言えるが、「超越論的構想力」は、みごとにこれらの媒介を果たしてくれるだろうし、「直観的知性の理念」ともなれば、すべては解決である。

ヘーゲルによれば、このような知性にとっては、「可能性と現実性は分離されておらず、その知性においては普遍的なものと特殊的なものとが一つであり、この知性の自発性は同時に直観的なものである」（同三二五頁）とされている。そして「直観的知性」のこのような特質は、実はカント自身も認めているのである。

ちょっと本書の守備範囲からずれるが、『判断力批判』を開いてみよう。

およそ認識には直観というものが必要であるが、もし直観の完全な自発性の能力というものがあるとすれば、それは感性から区別され感性にまったく関係のない認識能力であり、したがって最も一般的な意味で悟（知）性であるだろう。そこで我々は直観的知（悟）性というものを考えてみることができる。（第七七節）

カントによれば、直観的知（悟）性にとっては「物の可能性と現実性との区別は本来存在しない」

（第七六節、注）のであり、あるいはこの知（悟）性にとっては「全体は部分の結合を可能ならしめる根拠を含む」（第七七節）と主張されている。

『判断力批判』ばかりではない。『純粋理性批判』のある箇所においてもカントはこう言っていた。

ある知（悟）性、つまり、自己意識によって同時にすべての多様が与えられるような知（悟）性は直観するだろう。だが、我々の悟性は、単に〈思惟〉するのみであるから、感官のうちに直観が与えられなければならないのである。（B135）

とカントは述べているのである。

だから、カントだって、重々承知なのである。「超越論的構想力」や「直観的知性」の考えがいかに魅力的であるか、は。我々人間の認識の場合はそうではない、とカントはあくまで主張するのである。

根源的同一性を前提する哲学

我々はこれまで、いわばヘーゲルとともにカント哲学を考察してきたわけであるが、これによれば、カントは己れの固定化された二元論的構図を超える可能性を有する概念、つまり「超越論的構想力」あるいは「直観的悟（知）性」などに十分気づいていたにもかかわらず、これらの概念を十分展開することができなかった。そしてここにカントの不十分さがあったのだ、というようにヘーゲルの考えをまとめることができる。

つまり、固定化されていた主観性と客観性の絶対的対立を、より根源的な絶対的同一性の〈契機〉としてとらえる可能性を、カントはさまざまな箇所で呈示しながらも、結局は固定的な二元論的思惟にとどまったのだ、とヘーゲルは述べていると言えよう。

しかし、このような概念に十分気づいていたカントが、それでもなぜこれらを十分展開しなかったのか、あるいは展開しえなかったのか、それはなぜなのか、という点こそ注目すべきなのである。なぜなら、〈悟性と感性との合一問題〉に苦心していたカントにとって、例えば「直観的悟（知）性」の理念はこれらの問題を一挙に解決しえるきわめて有効な理念であることは、ヘーゲルの言葉を待つまでもなく、カント自身十分承知のはずだからである。

しかしあくまで、それに「実在性」を与えようとしないのは、単にカントの「思考の不徹底さ」に原因を帰するばかりではすまない面がある。

ヘーゲルは後の『哲学史』において次のように言っている。

確かに、カントはさらに進んで直観的悟（知）性の考えに明確に到達する。……しかしこの原型的知性が悟性の真の理念であることに、カントは思いいたらないのである。奇妙なことに（sonderbarerweise）、カントはこの悟性の理念を持ってはいるが、なぜそれがいかなる真理性をも有してはならないのかという点については、ただ我々の悟性はその悟性とは別様に作られているからという以外、(カントにとっては)何等の理由もない。(ズールカンプ版ヘーゲル全集第二〇巻三七九頁)

カントのこのような態度は、ヘーゲルにとっては、もうただ「奇妙」である以外にないのだろうか。

確かに、もうこの次元においては、両者の間には物の見方の根本的な違いが存するとしか言えない側面が存しているとも言えるだろう。

ヘーゲルにとってはまず最初に「自己意識の絶対的同一性」が存している。そして、そこにはすでに「思惟と直観の多様性」が区別されずに含まれている。その両者は「判断(Ur-teil)」によって初めて分離してくる。

これに対して、カントにとっては、まずはじめに「区別」がある。感性と悟性の分離は『純粋理性批判』のなににもまして重要な出発点なのである。だから、その後に、「綜合」の問題が続く。確かにヘーゲルの言うように、最初に「区別」を前提にしたのでは、「綜合」はどうしても「事後的」な「外的」なものにならざるを得ない側面はのがれがたい。

しかし、また同時に、「根源的同一性がそもそもまず根底に存している」ということは我々には決して知りえないのだ、ということにあくまでも固執したカントの考えがまったく無意味だ、とも言いきれない。

ヘーゲルにとっては出発点だった「根源的同一性」をカントは、理念として、むしろ「無限の努力」のかなたにおしやってしまう。このことによってカントは哲学的成果として何をえることができたのだろうか。

カント哲学の核心

さて、いよいよ、本書もカント哲学の核心へとしだいに近づいてきた。この入門書のまとめとして、「超越論的真理と誤謬の問題」という形で、ヘーゲル哲学とカント哲学の根本的な性格の違いに留意しながら、話を進めたいとおもう。

あらかじめ、次節の概略をお話しておこう。

カント『純粋理性批判』の第一版は、確かに論理構造上、〈宙ぶらりん〉な構造をしている。そして、この宙ぶらりんを維持しようとするパワーこそ、私にとっては、カント思想の最高のピークだったと考える。それが、従来の伝統的真理観から沈黙の一〇年を経て得た、カント哲学最高の〈明るみ〉である、とさえ表現したい。

しかし、感性・悟性とそれを仲介する構想力という三元性は、検討を加えれば加えるほど、そのままの形では維持しがたくなることも論理構造上、明らかである。それは、結局、次のいずれかの道に進まざるをえないのである。

(1) 初期ヘーゲルのように、媒介としての構想力を、根源的なものとする根源的一元論へ
(2) 感性と悟性の二元論から、悟性の〈自発性〉を強く発揮していく悟性一元論へ

そして、『純粋理性批判』以降、最晩年の遺稿『オプス・ポストゥムム』へ至るカントの道は、ヘーゲル的道ではなく、悟性一元論的道だったと私は考えている。それは私には、思想的退化であるようにも思われる。

こんな問題を最終節である次節で論じてみようと思う。そろそろこの入門書も最終段階へと近づいてきた。

B

理性の深淵

『実践理性批判』 より採られたカントの墓碑銘

4 真理のダイナミックな性格

真理の最終根拠は人間

これまで本書で見てきたことから明らかなように、『純粋理性批判』とは、まず第一に〈人間〉的認識の基礎づけだということである。カントは、『純粋理性批判』において、常に、〈神〉的認識（ここでは認識することが対象を産出することであり、そのために認識と対象との一致は初めから保証されていて、認識が誤謬におちいる可能性は一切存在しない）との対比において、人間による〈有限的〉認識を問題にしてきた。

この場合、カントは〈人間〉的認識の真理性の保証を神に求めることはしなかった。最終的な根拠だけは神に頼ろうとする「機械仕掛けの神」を、カントはもっとも不合理なものとしてしりぞけた。神的知性によってではなく、人間の知性（悟性）によって成立する現象に、認識の対象を限定することによって、人間的認識の客観性を保証することになった。

この場合、我々の認識の真理性を保証するのはもはや神ではなく、我々自身なのである。あの〈沈黙の一〇年〉の労苦をへて成立した『純粋理性批判』の決定的な意義は、真理成立の根拠を、神から人間に奪いとったこと、というように表現しうる。

どうやって認識は誤るのか

さて、ところで『純粋理性批判』には、はっきりした「誤謬論」がない。つまり、どのような時に認識はあやまったり、虚偽を真理と見なしてしまったりするのだろうか、という議論が誤謬論であるが、それが『純粋理性批判』では主題的に論じられることがない。このせいか、『純粋理性批判』の「超越論的分析論」、すなわち「真理の論理学」に正しくしたがって認識をおこなえば、我々の認識は常に真理を獲得し、したがって、誤謬におちいることはないと見なされることがある。

どうしてそんな意見（解釈）が生じるかというと、カントによれば、真理とは「認識と対象との一致」（A58＝B82）であり、また、コペルニクス的転回の思想から、「対象は我々の認識にしたがって規定される」（B XVII）ということを文字面で合わせると、すべての認識は真理となってしまい、一切、誤謬の存在する余地はありえない、ということになってしまうからである。

実際、カントの認識論をこのように誤解している人は多い。だいぶ昔のことになるが、あるヘーゲル学者と話をしていたとき、「だって、ちゃんとカテゴリーを直観に適用すれば、認識は全部真になる、というがカントの認識論でしょ?」と言われて、大議論になったことがある。彼の思いこみがおかしいのは次の理由からである。

まず第一に、そもそもカテゴリーは、ちゃんと適用したりしなかったりというような、我々が意識的に使用する道具なのでなく、そもそも「世界」が我々に現れてきているということ自体、カテゴリーがすでに働いている結果なのである。カテゴリーを〈適用する前の〉世界や現象の存在を想定すること自体（『純粋理性批判』によれば）ナンセンスなのである。

つぎに一般論であるが、そもそも誤謬の存在する余地がないような認識論など、認識論と呼べるだろうか。すべての認識が真になってしまうような認識論など、なんの意味もないだろう。

そもそも人間の認識は、有限的な認識であり、神などの絶対者の認識と違って、〈認識と対象との一致〉が必当然的ではない。すなわち、対象は与えられなければならないから、最初から、ア・プリオリな形で真理を所有してはいない。絶対者の認識には、そもそも誤謬の可能性は存在しないが、人間の場合は、対象と出会うことによってのみ、初めて認識が成立するから、誤謬の可能性は排除されないもの、排除されてはならないもののはずである。

「対象は我々の認識にしたがって規定される」という〈コペルニクス的転回〉の意味を考える場合、なによりも重要なことは、（第二章「見学ツアー」第四節でも見たように）『純粋理性批判』が経験の「形式」と「質料」の区別を基本的・根本的な前提としている点を忘れないことである。

演繹論において、カテゴリーの客観的妥当性を示そうとする場合でも、カントは、経験一般の「形式」に関して（A93＝B126）、カテゴリーが経験を可能にすることを示せば十分なのである。経験の「内容面」（＝質料面）までをも、経験に先立って「先取」することは『純粋理性批判』の目的ではない。

このことをはっきり示そうとしたのが、「感性と悟性との合一によってのみ認識は成立する」という『純粋理性批判』の基本的テーゼである。『純粋理性批判』は、個別的な内容をもった個々の具体的な認識の真偽を問題にしようとするのではない。

そうではなくて、むしろ、このような経験的認識に「先行し、それをそもそも可能とするような超越論的真理」（A146＝B185）を基礎づけること、すなわち、人間的認識の構造と範囲とを確定することによって、それが客観的妥当性を〈主張しうる〉ための根拠と権利を基礎づけること、このことこそが『純粋理性批判』のもっとも重要な眼目だったのである。個別的認識の諸対象に直接関わるのではなくて、「むしろ対象についての我々の〈認識の仕方一般〉を考察する」のが「超越論的」考察と言われるゆえんである（B25）。

つまり、もっとはっきり言えば、『純粋理性批判』は、「個々の認識が真である」ことを確定しようとしたのでは決してない。そうではなくて、我々の認識が「客観的妥当性を有していると主張しうるための根拠はなにか」ということを追究した書物なのである。客観的妥当性を主張している認識は、当然のことながら、真であることも偽であることもありえるのである。

経験をどこまで先取りできるか

さてでは、具体的経験に先立って、はたして、どこまであらかじめ認識することができるのだろうか。「経験してみなけりゃなにもわからないさ」、これが経験論者の立場だとすると、「いくら経験で具体例を積み重ねたって意味ないさ。我々の思考のうちにすでに真理はあるのさ」、これが合理論的立場だろう。カントはまさにこの中間を狙っていく。

この問題を、カントが「知覚を先取り的に認識すること（Antizipationen der Wahrnehmung）」と名づけた箇所（A166＝B207）で見てみよう。

経験の〈対象〉は、我々が作りだしたものではないから、これを経験にさきだって先取することは、人間の（有限的）認識には不可能である。つまり、「経験のまさしく内容に関わるものは、経験においてしか得ることのできないもの」（A167＝B209）である。だから、「現象のうちには、ア・プリオリには決して認識できないもの」が存在していて、それは「いつでもア・ポステリオリに経験において与えられなければならない」。つまり、〈感覚〉は、知覚の「質料」であって、これは、具体的に経験によって初めてえることのできるア・ポステリオリなものなのである。

しかし、それでも経験の〈形式〉、あり方については事情が異なる。

「これに反して、形態ならびに量に関して、空間と時間における純粋な諸規定を、〈諸現象の予料（先取り）〉と名づけることができる。なぜなら、これらの純粋な諸規定は、ア・ポステリオリに経験において与えられるはずのものを、ア・プリオリに示すからである」。（A167＝B209）

また同様に、

「すべての感覚は、感覚としてはなるほどア・ポステリオリにしか与えられないが、すべての感覚は或る〈度（Grad）〉を持っているという感覚の固有性はア・プリオリに認識される」。（A176＝B218）

超越論的真理とは〈経験の地平〉の確定のこと

このようにカントは、対象との具体的出会いに先だって、ア・プリオリに経験の〈形式〉を確定しようとする。カントがはっきり述べているように、「悟性がア・プリオリになしうるのは、可能的経験『一般』の『形式』を先取的に認識すること」（A246＝B303）であるが、このことこそ「『超越論的分析論』の重要な成果」（同）なのである。

これは具体的な存在者との出会いをあらかじめ可能にするような〈経験の地平〉の確定、というふうに言いあらわすことができるだろう。この経験の地平においてのみ、我々は認識が客観的妥当性を持つことを主張しうるのである。そして、この地平の確定こそ、「超越論的真理」と呼ばれることの内実なのである。

つまり『純粋理性批判』は、経験的諸認識に先行して経験の地平を成立させる〈超越論的真理〉を確立しようとしたものであると言える。だから、経験の個々の内容にまで立ちいって考察することは『純粋理性批判』の仕事ではない。つまり、個々の内容を伴った経験的認識の真理の一般的基準を提示することが目的なのではない。

だいいち、「内容に関する真理の一般的基準」などそもそも不可能であることは、本書の「見学ツアー」第三節の「真理とはなにか」の箇所でじっくりと見ておいた。その理由を繰りかえせば、もしそんな一般的基準があるとして、それはすべての対象一般に対して妥当する基準として、対象の内容的差異を度外視しなければならないのに、内容に関する真理はまさにこの内容的差異が問題となるか

らであった。（A58＝B83）

形式論理学と超越論的論理学との差異

しかし、このようにカントの説を見てくると、では、超越論的真理っていうのは、なにか、外的な形式だけを整えるようなことだけにたずさわるように思われてくる。それでは、普通の「一般論理学」「形式論理学」だって事足りるのでは？　と思われるかもしれない。この点についてカントは次のように明言する。

「一般論理学は確かにすべての内容を除去した単なる形式からみた認識」（A58＝B83）に関しては「真理の基準」を明示することができる。けれどもこの論理学は「対象と認識とのすべての関係」（A55＝B79）をいっさい無視する、ということは、すなわち「認識の根源にはまったく関わらない」のである。

ここにカントの超越論的論理学の目論見がはっきりと表現されている。カントの根本的問いは、そもそも、単なる主観的なものに思われるカテゴリーや直観としての時間・空間が、なぜに、対象を認識する場合にそれが客観的に妥当するのだろうか、つまり、なぜにカテゴリーが客観的妥当性を持ちうるのか？　という問いであった。

超越論的論理学も、確かに認識の〈形式〉的側面にのみ関わるのだが、一般論理学と決定的に異なるのは、それが「対象と認識とのそもそもの関係」を、つまり、「認識の起源」を根本的に問題とし、それを確定しようとするところにある。これに対して、一般論理学は、〈すでに成立している認識〉のかつ「単なる論理形式のみ」(A55＝B79)を問題とするにすぎないのである。

超越論的論理学、つまり、『純粋理性批判』の基本的なねらいは、「対象についての我々の認識の根源」を問題とすることであり、ここでは、もはや個々の認識の真偽が問題なのではない。そもそも人間による客観的認識とはいかなるものでなければならないのか、ということ、そして、すべての真なる認識も偽なる認識をも可能にする条件を問題にしたのである。

だから、〈超越論的真理〉に矛盾するような〝認識〟はそもそも認識ではない。それは最初から、真とか偽とかであるいかなる可能性も有してはいないのである。

カントが確立した経験の地平は、したがって真なる認識も偽なる認識をも許容する、というか、むしろそれらを初めて可能にする地平なのである。この地平の上でのみ、我々は初めて認識の客観的妥当性を主張しうる。その主張はあるいは誤謬であるかもしれないが、この主張の修正・改変は、「超越論的真理」を前提にして初めて可能なのである。

因果関係をめぐるヒュームとカント

このカントの超越論的真理の特質をさらに理解するために、ここで、因果律をめぐるヒュームとカントの差異を考えてみよう。

ヒュームは、因果性(原因と結果の連鎖)とは、「習慣」による信念にすぎないと考える。生起するものがそれに先立つところのものにしばしば随伴することから、これら二つの表象を結合する「習慣」が生じただけであり、因果関係とは、単なる〈主観的〉必然性を持つにすぎないのだ、とヒュームは考える。

例えば、めったにはかない赤い靴下をはいた日は、必ず夕方に雨が降るとしよう。なぜか、赤い靴下をはくとほとんど夕立があるので、その人は、「赤い靴下をはく」時には、よく「夕方に雨が降る」と考えるようになるとする。ここまでは、主観的信念という自覚があるからよいのだが、ついに、その人がこの両者の出来事を因果関係で結ぶようになる。「赤い靴下をはく」ことが「夕方に雨が降る」ことの原因である、と。

こうなると、ヒュームの批判が当てはまる。単なる〈主観的〉必然性にすぎないものを、あたかも〈客観的〉必然性と取りちがえるのだ、と、ヒュームは批判する。さらに、自然科学を成立させることになる客観の側で起こっているように見える「因果関係」もすべて、実は〈主観的〉必然性しか持ちえないのだ、というのがヒュームの「因果律批判」であり、これが彼の懐疑論の根底をなしている。

ヒュームのこのような考えに対して、カントは「因果律」が〈客観的〉妥当性を持つことを断固主張する。これは単に主観内の表象の任意な結合なのではなく、〈客観において〉妥当する結合なのである。〈認識が対象を規定する〉というコペルニクス的転回の意味は、悟性の側が持ちこんだ「合法則性」（因果性＝カテゴリー）によって、自然を〈形式に関して〉規定するということなのである。

したがって、我々の側が持ちこんだ合法則性によって成立した〈現象としての客観（自然）〉は、我々がそれについてさまざまな判断をくだす際に、因果律によって解明することができる。するとは我々が因果法則を使用して自然を説明するということは、真なる認識を目指す〈十分な権利〉を持っていることになる。因果法則が（ヒュームの考えるように）主観的必然性しか持ちえないのならば、これによる自然の解明は、そもそも客観的に真偽を論じることに意味がない。カントの「超越論的真理」の地平において、初めて、客観的に真偽を論じることが可能なのである。

真理は純粋悟性概念から導出されるのではない

さて、カントの超越論的真理が、〈経験の地平〉を確定することだとすれば、個別的、具体的な経験法則や知識は、カテゴリーからいわば〈導出〉されてくるようなものではなくて、「経験の地平」の上で、具体的に経験を積みながら求められていくようなものでなければならない。カントは「すべての経験的法則は、その起源を純粋悟性から導出することはできない」（A127）と述べている。つまり、我々は自然をすべての経験から独立して「単に概念から」（B XV）認識することはできないのであり、そこには、経験において「与えられる」という感性の契機がどうしても必要なのである。

悟性が経験に先立ってなしえる〈最大のこと〉は、ではいったいなんだろうか。カントはその点について、次のようにはっきりと述べている。「悟性がア・プリオリになしうる最大のことは、〈可能的経験一般の形式〉を先取することだけ」（A246＝B303）なのである。つまり、「我々の認識の仕方」を問題とする超越論的考察、言いかえれば、「経験の地平」を確定する超越論的真理、これ以外は、すべて具体的〈経験〉が必要とされるのである。「個別的諸法則を知るためには経験が付けくわわってこなければならない」(B165) というのが、カントの認識論の骨子なのである。

このようなカントが『純粋理性批判』で確立した真理観は、従来の伝統的真理観と比較してみると、その特徴がよくわかる。

伝統的真理観によれば、「真理」は体系のうちにのみ存する。真理は、知性が〈最高の存在〉あるいは〈直接的に把握された最高の確実性〉から出発しつつ、この確実性の光をあらゆる派生的存在にまで拡大することに成功するときにはじめて獲得される。このような真理観において重要なのは「導出」、つまり厳密な体系であった。そしてここでは感性的なものの混入は許されなかった。そしてここでは、すべての真理はある意味でア・プリオリに決定されている。

ところがカントにおいては、真理は体系のうちに存するのではない。それは対象との出会いによって、すなわち、経験をかさねることによって初めてえられてくるものなのである。ここでは、認識にとって感性的契機がぜひとも必要である。世界は常に未知なるものを蔵しており、これらは我々との〈出会い〉によってはじめて獲得される。この出会い〈方〉、あるいは、出会いえるものの可能性を規定すること、すなわち、経験の地平の確立のみがア・プリオリになしうる最大のことであり、出会いえるものをあらかじめア・プリオリに獲得しつくそうとする態度(包括的な体系の構築、経験の内容面の先取)は、人間認識の固有性を忘却した態度である、と言うことができるだろう。

経験という実りゆたかな低地に

では、『純粋理性批判』では、あらかじめ経験に先立って、真偽の基準をア・プリオリに列挙することはできない、のだろうか。まさにその通り！　なのである。

第二章見学ツアーの「真理とはなにか」の節でじっくり検討したように、個別的認識の真理あるいは誤謬の「一般的基準」を問いもとめるのは『純粋理性批判』では「矛盾したこと」（A58＝B83）なのであり、それらは経験のうちで「徐々に探しだされていかなければならないもの」（A XXI）であり、「ア・プリオリには見積もることのできないもの」（同）なのである。

経験的認識は明らかに経験的な内容の面を有している。そして、真理や誤謬は「まさに認識の内容にかかわる」（A59＝B83）のであり、しかもこの内容的な面は「経験においてア・ポステリオリにしか与えられない」（A167＝B209）のである。

『純粋理性批判』によれば、真理は最初から誤謬や仮象と峻別されてア・プリオリに与えられているようなものではなく、実験や経験の検証を重ねる運動のうちからえられてくるものである。このような真理のダイナミックな性格は、感性と悟性とをともに人間認識の不可欠な契機とし、真理の成立根拠を人間自身のうちに置くことによって、はじめて確立され、基礎づけられたものである。そして、この真理獲得の運動を根底からささえているのが、カントの〈超越論的真理〉ということなのである。

真理は、ア・プリオリな形で先取的に枚挙されたり、体系性の「高い塔のうち」に存するのではなく、その存する場所は、「経験という実りゆたかな低地（Bathos）」（ともに『プロレゴメナ』付録）なのである。

5 『純粋理性批判』から最晩年『オプス・ポストゥムム』へ

カントの思想的ピーク

以上、『純粋理性批判』で確立された〈超越論的真理〉の内実について、かなり詳しく見てきた。最後に一点だけ、どうしても述べておきたい問題がある。カントは『純粋理性批判』で獲得した成果をその後、どのように発展させていったのだろうか。あるいは、もしかしたら、その成果を衰退させてしまったのだろうか、という問題である。

もう何度も本書で示唆したかもしれないが、私は、カントにおいてその思想的なピークは『純粋理性批判』第一版であると考えている。ということは、そう、『純粋理性批判』第二版から最晩年の『オプス・ポストゥムム』へいたる道は、堕落とまではもちろん言わないが、ある種の〈豊かさ〉が衰退していく道であるように私には思われる。

この問題をごくごく簡単に論じて、本書を閉じることとしよう。

衰退するカント

さて、カントには二つの傾向が同居しているように思われる。一つは人間的認識の有限性を自覚し、いわば、〈与えられる〉という感性的契機を重視する態度。もう一つは、人間の悟性をできるだけ拡大して、その合理性で世界をア・プリオリに汲みつくそうとする態度である。カント自身の用語で言えば、「悟性の自発性」と「感性の受容性」との戦い、ということもできるだろう。

この二つの傾向は、絡みあい、交錯しつつ、『純粋理性批判』の記述そのもののうちにも、あるいはその後の思索にいたるまで、解消しえずに残り、そして、まさに、この相克がカント哲学の思考を強いる真の原動力とさえなっている、と私には思われる。この相克は、言いかえれば、「合理化の圧力」と「それを拒むもの」との間の相克である。

この相克は『純粋理性批判』の第一版と第二版の間でも見られたものである。第二版になると、悟性の側の「合理化の圧力」は明らかに強まっている。さらに『純粋理性批判』以後のカントの思索は悟性の一元論的傾向をますます強めていくように思われる。つまり、経験に先立って、悟性がア・プリオリに世界を構成し、真理を「経験のうち」にではなく、むしろ「ア・プリオリな体系のうち」に求めようとする要求が強まっていくのではないだろうか。

『自然科学の形而上学的原理』(一七八六)から、晩年の遺稿集『オプス・ポストゥムム』(一七八六―一八〇四)への道は、悟性の自発性を可能なかぎり押しひろげ、感性の果たす役割を、悟性の法則のためのデータを与えるにすぎないものとする態度であり、こうなることによって、あの「沈黙の一〇年」の苦闘を経て勝ちとられた『純粋理性批判』(一七八一)の真理の力動的(ダイナミック)な性格は、再び静的(スタティック)な真理観、すなわち、「経験に先立つア・プリオリな真理体系」へと衰退していくのである。

今からこの衰退の経過をお話するが、このような私の(『純粋理性批判』第二版から晩年にいたる)カント解釈が絶対であるとはもちろん言えない。研究者によっては、例えば、『オプス・ポストゥム』の意義をもっとポジティブなものと考えることもあるだろう。

今後もカント研究全体が衰退せずに二一世紀も地道に(我が国のみならず世界でも)続けられていくとすれば、おのずと『オプス・ポストゥム』についても、その意義が明らかになっていくだろう。それは私にも楽しみなことであるが、本書では、衰退路線ということで『オプス・ポストゥム』を考えておこう。

さて、カントは『自然科学の形而上学的原理』で次のように述べている。

> すべての理論は、それが一つの〈体系〉を、すなわち〈原理に従って〉秩序づけられた認識の全体をなすものである場合に、〈学問〉(Wissenschaft)と呼ばれる。(Aka. IV. 467)

そして、「本来的な自然科学」とは「その対象を全くア・プリオリな原理にしたがって論ずるもの」

であり、「その確実性は必当然的なもの」（同）である。

これに対して「単に経験的な確実性を含みうるだけの認識は、ただ非本来的に〈学問〉と呼ばれた知（Wissen）」（同）にすぎない。だから、この『自然科学の形而上学的原理』の立場では、「自然科学の名に値する」のは「単なる経験法則ではなく」「ア・プリオリに認識される自然法則」を問題にする場合のみなのである。この書物でおこなわれていることは、結局、ア・プリオリに先取しえる超越論的諸法則をできるかぎり拡大しようとする試みであるといえる。つまり諸法則が、カテゴリーや原則からどこまで〈経験を交えずに〉導出しうるか、という試みなのである。

「合理化の圧力」と「それを拒むもの」との相克の問題という視点から見ると、ここでは、合理性で世界をア・プリオリに汲みつくそうとする態度が優勢である。悟性が一元論的に世界を取りこんでいこうとするカントの姿が私には見える。そして、合理化の圧力はさらに一歩進んで、経験的なものまでもア・プリオリな体系のうちに取りこもうとする最晩年の遺稿集『オプス・ポストゥムム』の試みが登場する。

『オプス・ポストゥムム』の世界

『オプス・ポストゥムム』は、「『自然科学の形而上学的原理』から物理学への移行」をメインテーマとして持ち、ここではいかにして超越論的法則から経験的法則が導出しうるのか、といった問題、さらには、経験的諸法則のみならず、これまでは感性において「与えられ」ねばならなかった経験の質料的側面までも、理性のア・プリオリな体系に取りこもうとする、新たな〈超越論的哲学〉の再構成が目指されている。

この遺稿集の扱うテーマはもちろん膨大なものがある。宇宙を満たすエーテル仮説、超越論的神学、スピノザ主義問題などなど、一七八六年の草稿を皮切りに、一八〇四年まで断続的に書きしるされたものである。『純粋理性批判』の立場を裏切るさまざまな視点が面白い。

さて、カントは世界空間においてあまねく広がっている素材（エーテル）が仮説なのか実在なのかは「体系としての自然科学にとって最大の重要性を持つ問いである」（Aka. XXII. 550）としてきわめて重要視する。そしてこのエーテルという〈外〉に向けられていたカントの目は、〈エーテル演繹〉という形で、認識の問題へと転化する。

ここでカントは、「外的」知覚というのは、実は「内的」自己運動の出来事の「表れ」にほかならない、という議論を展開しはじめる（同三八四頁）。うわー、すごい！　の一言である。私の外部は、実は私の内部の表れ、というのだから。

さらにここから、「内的触発」「自己触発」も問題を論じはじめ、ついには次のように言う。

> 経験は〈与えられる〉ものではなく、主観によって〈作りだされ〉なければならない。（同三九一頁）

外的対象の知覚とは、……自分自身を触発する主観の働きにほかならない。(同三九五頁)

経験は〈与えられる〉のではなく〈作りだされる〉のだとされ、外的知覚とは主観の自己触発する主観自身の運動だ、というとき、ここには、カントが『純粋理性批判』において悪戦苦闘した、感性と悟性の合一の問題はもはや存在していない。

カントは『オプス・ポストゥムム』のなかで次のように述べるにいたる。

以前には不可能と思われていた経験的諸表象の体系をア・プリオリに獲得すること。および、経験をその質料面に関してまで先取すること。これらの可能性が生じる。(同五〇二頁)

おお、カントよ。なにを言いだすのだ! 『純粋理性批判』のあの節度に満ちた態度は一体どこに行ってしまったのか、と私は言いたくなる。カントよ、いったいどうしてしまったのだ。我々人間は有限であり、感性に対象は〈与えられ〉なければならなかったはずだ。それなのに、肥大化した自我は、経験を作りだす、とさえ言いはじめているのである。これがカントの最晩年の姿である。

世界を認識しようとする者は、それをまず組みたてなければならない、しかも自分自身のうちに、である。(Aka. XXI. 41)

ここにいたっては、悟性や理性は、世界を認識するために感性的契機をもはや必要としない。「沈黙の一〇年」の苦闘から成立した『純粋理性批判』においてのテーゼ〈悟性と感性の合一〉こそ、人間認識成立の根本だったはずだ。しかし、ここでは、悟性（理性）の一元的傾向が完全に感性的契機を圧しており、対象はもはや〈外から〉与えられる必要はない。理性がおのれの限界を超えて肥大化するときには、真理は、経験の地平での検証による獲得という性格を失い、すべての経験とは離れたところで〈体系〉が構築される。真理は再び、固定的な体系のうちにア・プリオリに存することになってしまったのである。

6　真理は本当に存在するか

『純粋理性批判』を支えたエネルギー

『純粋理性批判』第一版で開かれた〈明るみ〉は、その後の進展のうちで再び閉ざされてしまった。なぜカントは、このような悟性（理性）一元論に走らなければならなかったのだろうか。

真理成立が、「感性と悟性の合一にあり〈経験〉が重要視される」のと、「理性の体系のうちであらゆる真理は基本的には確定している」というのでは、確かに安定感は違う。理性一元論のほうが、実はきわめて安定しているのである。感性と悟性の合一という〈運動〉のうちに真理があるというのは、〈宙ぶらりん〉であり、その不安定さに耐えるパワーとエネルギーが必要である。思想のパワーとエネルギーに満ち満ちていたのが『純粋理性批判』なのである。しかし、人間は、常に〈強さ〉のうちに存在しているわけではない。そして、思想だとて同じことである。

そして、パワーとエネルギーが減退したときに襲ってくるもの。それは、カントの場合、〈根源的誤謬への恐れ〉といったものではなかったろうか。

荒れ狂う大洋に浮かぶ〈真理の国〉

カントは『純粋理性批判』において「純粋悟性の国」(A235＝B294)を確立した。この国は「真理の国」(同)とよばれ、「仮象という広大な荒れ狂う大洋」に取りかこまれてはいるが、この「一つの島」に留まりさえすれば、すなわち、経験の地平という限界を超出しなければ、我々はたとえ経験的次元で誤謬に陥ることはあっても、ともかく真理を主張する根拠を十分に持っており、経験の検証をつみかさねていくことで、真理を所有することができる。

しかし、もしカントが、あの荒れ狂う大洋に浮かぶ「真理の国」自体が、まったくの誤謬なのではないか、と感じたとしたらどうだろうか。

もちろん、このようなことがカントにおいて正面から論じられることはまずないと言っていい。カントは或る箇所で誤謬について次のように語っている。

人間の悟性が陥りうるすべての誤謬は単に部分的なものであって、どんな誤った判断の中にも常に何か真なるものが存在するはずである。というのも、〈全面的誤謬（ein totaler Irrtum）〉があるとすれば、それは悟性や理性の法則に反する徹底的な反抗となってしまうからである。（『論理学』序文 Aka. IX. 54）

カントが強く否定する〈全面的誤謬〉がもしあったとすれば、それは、知識論そのものが、そして、「真理の国」そのものが崩れさってしまうような、そのような誤謬であるだろう。だがもしも、カントが、経験の地平、つまり「純粋悟性の国」を転倒させ、カテゴリーを無化しかねないような〈根源的誤謬〉への危惧《きぐ》を抱いていたとしたら、カントはこの危惧をうち消すために、どのような態度をとるのであろうか。このような考えがまったくの杞憂《きゆう》であると自分を確信させるためにとる方向はどのようなものだろうか。

この危惧から逃れるためには、例えば、カテゴリーがこの世界をア・プリオリに、したがって、固定的に説明しつくせるものであること、すなわち、悟性の必然的な合法則性が世界をア・プリオリに汲みつくしえるものであることを何とか確証してみせる、というのも一つの方法である。そして、『純粋理性批判』から『オプス・ポストゥムム』にいたるカントはまさにそうであった、というのが私の結論である。

カントはこのことゆえに、『純粋理性批判』で開示した力動的《ダイナミック》な真理観の展開をとざし、再び、固定的な体系による真理観へと退歩していったのである。

前にも述べたように、『純粋理性批判』においてカントは真理成立の最終根拠を、神から人間へと奪いとってきた。伝統的形而上学においては、神が真理を保証し、人間は知性によって真理体系に参画することで真理を分有した。

カテゴリーと経験の間の〈循環〉

しかし、カントの場合、あの「真理の国」を根底から支えるのはもはや神ではなく、人間理性なのである。このことは、それ以前の哲学に対して『純粋理性批判』が有する決定的な意義である。しかしまさにこのことゆえに、人間は真理に関する一切の責務をになうことになる。もはや我々の〈外〉に真理の最終的根拠を求めることはできない。すべての物の究極的担い手となった我々は、常に確実に立っていることはできるのだろうか。

カントは『純粋理性批判』で次のように言っている。

> 可能的経験は、我々の概念に実在性を与える唯一のものである。これがなければ、すべての概念は単なる理念にすぎず、したがって、真理（Wahrheit）を持つこともなければ、対象と連関を持つこともないのである。（A489＝B517）

すると、どうなるのだろう。あの「真理の国」を根底から支え、経験の地平を切りひらくはずの悟性概念は、それ自身で確実なのではなく、むしろ〈可能的経験〉の存在を前提にしている。しかし、他方、この可能的経験が成立するための条件が純粋悟性概念の存在だったはずだ。ここには、明らかに〈循環〉が存在している。

〈条件づけるもの〉と〈条件づけられるもの〉が、互いに他を前提しているのである。このなかではじめて、あの「真理の国」が成立しているとしたら、それは「無条件的な必然性」（A613＝B641）を有してはいないことになる。そこには、「人間理性にとっての真の深淵（Abgrund）」（同）がぱっくりと口を開けているのである。

ちょうど一世紀ののち、ニーチェは、『権力への意志』のうちで、次のように言っている。

理性とそのカテゴリーを信頼するということは、それらが生にとって有益だということを示しているにすぎない。（Kröner 版、1964　N. 507）

真理とは、それなくしては特定の種類の生物が生きることができないような一種の誤謬である。（Kröner 版、1964　N. 493）

ニーチェによれば、生物としての人間が安定した生を営むためには、世界は生成変化しているものであってはならず、固定的で堅固なものとして表象されなければならない。しかし、このように表象するのは、生にとって有益であるからであって、それそのものが「真理」だからではない。

ニーチェの表現は多分に生物学主義的ではあるけれども、カントがかいま見、そしてそこから退避しなければならなかった〈新たな〉真理の本質を明確に表現しているように私には思われる。『純粋理性批判』から最晩年『オプス・ポストゥムム』へいたるカントの歩みは、『純粋理性批判』成立後、カントがかいま見てしまった〈根源的誤謬〉への危惧へのいわば、一つの防衛反応的な解答だったのである。

睡眠薬から興奮剤へ

さてさて、以上で『純粋理性批判』入門はおしまいである。お楽しみいただけただろうか。「眠れないときには『純粋理性批判』をどうぞ。あまりにちんぷんかんぷんで、すぐ眠くなるから」と言われ続けてきた書物が、実はとても豊かでスリリングな問題を扱った〈興奮〉の書である、ということを皆様に伝えることができたとすれば、この入門書を書いて（ちょっとは苦労したので）ほんとによかった、というところである。

『純粋理性批判』は睡眠薬どころか、たいへんな興奮剤である。本書が、『純粋理性批判』やカントの哲学に興味を持ち、その世界に入っていく一つのきっかけとなってくれるとすれば、著者には望外の喜びである。

カントワールドへ、皆様、ようこそ！

エピローグ――カントの広さと深さ

一九九九年六月、ロシア・カント学会会長で、カリーニングラード州立大学のレオナルド・カリニコフ教授が、私の務めている東京女子大学を訪れ、「カントは二一世紀の哲学者たりうるか」という講演をおこなった。

さまざまな偶然が重なって、この講演会開催の依頼が私のところにやって来た。生来ものぐさな私がこの開催の世話を引きうけたのは、ほかでもない、現在ロシアのカリーニングラードと呼ばれている土地は、なにを隠そう、『純粋理性批判』の著者が生まれ、一生そこから離れることのなかった町、そうあの旧ケーニヒスベルクだから、であった。

カントの生地からカント研究者がやってくる。そう考えただけで、あたかも、カントその人が二〇〇年の歴史を超えて、日本にやってくるような錯覚に陥った私だった。

最近ついにロシア語の翻訳が出たと言って、数冊のロシア語カント著作集を私に差しだした教授は、質素な身なりで、細身にひげをたくわえた、ちょっと頑固そうな、仙人のような風貌だった。

ドイツ哲学の祖と言われるカントの出身地、ケーニヒスベルクは、現在では、バルト三国とポーランドにはさまれたロシアの飛び地に位置している。カントが生きた一八世紀のケーニヒスベルクは、プロイセン王国の国際的な商業都市であり、教会や大学があり、カントも誇りとする美しい町だった。だが、第二次世界大戦後はソ連領となり、軍港がつくられ、立入禁止の都市となってしまっていたのだった。

我々が今日、まさに〈自由の牢獄〉的状況のうちで、すべてが許されていることとの悲惨さを噛みしめているのに、カリニコフ教授は、全体主義ではなく個性をもった個々の人間の自由こそ、もっとも大切なカント哲学の教えであり、その個人主義と自由の思想ゆえに、カントは二一世紀の哲学者たりうる、という主張だった。私はなにか、数十年前の日本の思想状況を聞いているような思いがした。講演のあとの会場からの質問に、あまり堪能ではない英語で、たどたどしく答えている教授の姿。ソ連時代には冷遇され、ほとんど迫害されんばかりの扱いを受けてきたカント研究を、地道に続けてきた老学者の気概と意気込みがひしひしと伝わってきた。

決して皮肉でもなんでもなく、カントは、多くの時代や地域を超えて、それぞれの重要関心事に対応する広さと深さを有した思想なのだと改めて実感しながら、カントに関して彼の地とこの地の奇妙なねじれ状態を感じずにはいられなかった。

講談社の渡部佳延さんから『純粋理性批判』の入門書をぜひ書いてほしいという依頼と、旧ケーニヒスベルクからのカント研究者の講演を引きうけてほしいという依頼は、日を置かず、ほとんど同時に私にやってきた。電子メディア問題や臓器移植問題など、現代的諸問題と格闘していた私には、なんだか、とても懐かしく深いところからの〈呼び声〉であるように感じて、この両方の依頼を快く引きうけてしまった。

これまで、「専門はカント哲学」と称しながら、まだカントについて一冊の著書もなかった私だが、本書によって、「自称カント研究者」から、ついに「自称」を取りさることができる喜びは何事にも代えがたい。渡部さん、どうもありがとう。

最後になるが謝辞を述べておきたい。私の不安定な高校生時代に哲学の道を示してくださった仙台一高の恩師、那須洋先生。大学時代にカントを読むとはどういうことかを根本のところから教えてくださった恩師、山本信先生、故黒田亘先生、渡辺二郎先生、坂部恵先生。そして、約一〇年休むことなく続いている私の『純粋理性批判』原語講読ゼミで、「わかんない」を連発したり、するどい質問を浴びせたりして、深く本書の成立に寄与した東京女子大学哲学科の学生諸君。

二〇〇〇年八月

ケーニヒスベルクから八〇〇〇キロも離れた東京の地にて

黒崎　政男

ヒューム――184〜186
表象――34,42,53,57,58,73〜75,78,108,113,125,130,134,136,156,168,194
フィヒテ――97,112,163
フェリックス・マイナー出版――18
フッサール――66
普遍学（マテシス・ウニベルサーリス）――81
普遍論争――161
プラトン――9,24,38,39,123
『プロレゴメナ』――15,31,67,68,189
ヘーゲル――6,9,47,66,97,163〜175,178
ベーコン，フランシス――66
ヘルツ，M――56,65,69,73,76,77,82
本質――97,99

マ

マールブランシュ，N――64,67,68,76
三木清――88,161
無――105,107,111,128,135
矛盾律――80,120
無知の知――90
メンデルスゾーン――69〜72,76,109
物自体――12,30,35,42,51〜55,59,63,71,72,75,77,79,80,95〜97,102,104,106,107,112,113,133,136,139

ヤ

ヤコービ，F・H――96
ヤハマン――14〜17
『ヨーロッパ精神史入門』――161

ラ

ライプニッツ――6,9,38〜42,64,67
ラチオ――62,63,159
ラッセル――9
ランベルト，J・H――65,66,69〜72,76,109
理性――60〜68,80,89,106,139,159〜161,166,193,195,197,199
理念――168〜170,172
霊魂の不死（不滅）――91,94,96,140
ロゴス――159
ロック――37〜39,41,42
『論理学』――197

スピノザ —— 64,67,193
『精神現象学』 —— 47,66,164
世界の始まり —— 90
先験的 —— 98,99
先天的 —— 99
綜合 —— 147〜151,156,158,165,173
綜合判断 —— 9,164,166
想像力 —— 64,65,67,143
ソクラテス論法 —— 90
素朴実在論 —— 24,32

タ

高木貞治 —— 9
タブラ・ラサ（白紙） —— 37〜39
知 —— 8,47,132,133,192
知性 —— 33,35,36,38,41,42,54〜57,59,61〜64,66,67,71,72,81,123,134,136,139,154,160,161,168〜172,177,187,198
知性的直観 —— 112
超越論的 —— 10,42,98,99,101,108,137,170,180
超越論的演繹論 —— 122,129,130,132,159
超越論的仮象 —— 137〜139
超越論的感性論 —— 46,47,86,87,100〜102,113,128,159,160
超越論的観念論 —— 107,108
超越論的原理論 —— 46,86
超越論的構想力 —— 143,144,158〜160,167〜171
超越論的真理 —— 10,119,120,174,180,182〜184,186〜189
超越論的図式論 —— 152,153
超越論的統覚 —— 125,127〜129,145,164
超越論的分析論 —— 46,47,87,113,114,178,182
超越論的弁証論 —— 46,87,91,136,137
超越論的方法論 —— 87
超越論的論理学 —— 46,86,160,183,184
直観 —— 29,35,36,42,47,48,51,52,55,58,60,77,80,95,104,108,110〜113,129,130,134,150,151,153,156,158,165,168,170,171,173,178,183
直観的悟性 —— 168,172
直観的知性 —— 169〜171
沈黙の10年 —— 14,48,49,53,55,56,63,68,78,80〜82,109,174,177,191,195
デカルト —— 64,67,89,128
『哲学史』 —— 172
「デュイスブルク遺稿集」 —— 56,78
ドイツ観念論 —— 96,97,112,163
統覚 —— 127,129〜131,150〜152,157

ナ

「70年論文」 —— 20,49,54〜58,60,63,65,67,69,71〜75,79,81,109,164
二元論 —— 129,155,160,162〜164,167,170〜172,175
ニーチェ —— 199,200
『人間学』 —— 17,162
『人間知性新論』 —— 38
『人間知性論』 —— 37,38
認識論 —— 9,11,37,53

ハ

ハイデッガー —— 88,143,144,158〜161,163,167
バウムガルテン —— 101
バークリー —— 32〜34
判断 —— 173
『判断力批判』 —— 15,112,169〜171
美学 —— 101,102
必然 —— 10,40

ケーニヒスベルク大学 —— 14
現象 —— 12,30,34,35,41,43,50,52〜56,59,60,68,72,76〜82,95,96,102〜106,113,124,133,135,136,138,153,154,177,179,186
現象学 —— 66
『権力への意志』 —— 199
構想力 —— 88,143,144,147〜152,154〜158,160〜166,174,175
『構想力の論理』 —— 161
後天的 —— 99
合理論 —— 13,27,36,39,41〜43,55,180
悟性 —— 29,30,35,36,41,42,47,54,56〜59,61〜63,65,67,68,71,72,74,76,78〜82,112,122〜125,129〜131,134,137,138,145,149〜152,155〜163,165,167〜175,177,179,182,185,188,190,192,194〜197
悟性的認識 —— 54,57,59,60,65,75,79,145
誤謬 —— 64〜67,139,174,177〜179,196,197,199,200
コペルニクス的転回 —— 11,12,26,28,29,35,74,92,93,136,178,179,185

サ

坂部恵 —— 161,162
三大批判書 —— 15
シェリング —— 97,112
自我 —— 97,165,167
時間 —— 10,12,27,47,48,60,71,72,76,101〜111,128,133〜136,138,160,181,183
自己意識 —— 127,131,171,173
自然科学 —— 92,185,191〜193
『自然科学の形而上学的原理』 —— 190〜192
実在 —— 24〜26
実在論 —— 13,27,32,108
『実践理性批判』 —— 15,18,97
実体 —— 51,52,60,79
質料 —— 12,122,123,179,181,194
自由 —— 10,91,96,140,203
主観 —— 26,30,34,52,53,57,58,60,72,74,94,96,105,108,110,113,122〜125,132,164〜166,193,194
循環論法 —— 114,116
純粋 —— 99
純粋悟性概念 —— 47,74,75,120,121,123,132,138,147,153,154,199
純粋統覚 —— 125,127
純粋理性の誤謬推理 —— 140
純粋理性の二律背反 —— 140
純粋理性の理想 —— 140
『純粋理性批判』第1版 —— 14,19,88,91,143,146〜150,152,155〜158,167,174,189,190,195
『純粋理性批判』第2版 —— 15,19,87,88,91,143,144,146〜149,151,156〜159,161,167,189〜191
ショーペンハウアー —— 88
『新オルガノン』 —— 65,66
神学的仮象 —— 139
『信仰と知』 —— 164
『人知原理論』 —— 32,33
真理 —— 10,34,40,56,60,64〜68,80〜82,114〜120,139,177〜180,182,183,187〜189,191,195,196,198〜200
心理学的仮象 —— 139
『真理探究論』 —— 64
真理の国 —— 196,197,199
数学 —— 8,92,132,133
『数学の哲学』 —— 9
『数理哲学序説』 —— 9
図式 —— 153,154

索引

ア

アカデミー版カント全集 —— 15,18,20
浅田彰 —— 162
ア・プリオリ —— 9,29,77,93,99,101,121,130,131,136,150,151,164,166,179,181,182,186〜195,197
ア・ポステリオリ —— 99,100,181,188
アポロ 11 号（宇宙船）—— 8,132
アリストテレス —— 6,9,38,121,123,161
一元論 —— 155,160,190,192,195
1＋1＝2 —— 7〜9,128,132
因果律（関係，性）—— 27,124,125,134,135,184〜186
インテレクトゥス —— 62〜64
ヴァルター・デ・グリュイター出版 —— 18
宇宙 —— 8,132,193
宇宙の始まり —— 94
宇宙論的仮象 —— 139
永遠の真理 —— 55,66,81
『オプス・ポストゥムム』—— 15,175,189〜192,194,197,200

カ

懐疑論 —— 185
『解析概論』—— 9
仮象 —— 53,66〜68,77,79,80,113,137〜139,188,196
『活力測定考』—— 14
カテゴリー —— 9,27,47,48,79,120,130〜139,145,153,154,167,169,178,179,183,185,186,192,197,199
カテゴリー表 —— 120,121
神 —— 10,72,74,77,79,81,91,94,96,134,135,140,169,177,179,198
柄谷行人 —— 162
カリニコフ，レオナルド —— 202
感性 —— 26,30,35,36,41,42,55〜58,61,64〜67,71,72,75,77〜81,101,102,106,108,110〜112,122,123,129,130,138,145,150〜152,154〜160,162,163,165,167,169,170,172〜175,179,186〜188,190,192,194〜196
「感性界と知性界の形式と原理」—— 14,26,49,56
感性的直観 —— 103,112,124,168
感性的認識 —— 57〜60,65,72,74,75,79,80,145
『カントと形而上学の問題』—— 143
観念論 —— 13,27,31〜34,108
幾何学 —— 59
客観 —— 34,50〜52,79,95,113,129,154,164,166,185,186
空間 —— 10,12,27,47,48,60,71,72,101〜108,110,128,133〜136,138,181,183
経験 —— 13,27〜29,36〜42,47,57,67,68,80〜82,90,99,100,106,108,110,122,135,139,150,151,157,179〜182,186〜199
経験的 —— 99,100,106,107,170,188,192,196
経験論 —— 13,24,27,36,37,39,41〜43
形而上学 —— 10,14,26,59,65,67,72,73,75,81,88〜94,109,159,160,198
形相 —— 12,122〜124
『ゲッティンゲン学報』—— 31,34
ケーニヒスベルク —— 14,202,203

カント『純粋理性批判《じゅんすいりせいひはん》』入門《にゅうもん》

二〇〇〇年九月一〇日第一刷発行　二〇二四年四月一五日第二八刷発行

著者　黒崎政男《くろさきまさお》

発行者　森田浩章

発行所　株式会社講談社

東京都文京区音羽二丁目一二―二一　郵便番号一一二―八〇〇一

電話（編集）〇三―五三九五―三五一二（販売）〇三―五三九五―五八一七
（業務）〇三―五三九五―三六一五

装幀者　山岸義明

印刷所　信毎書籍印刷株式会社　製本所　大口製本印刷株式会社

ISBN4-06-258192-2　Printed in Japan
N.D.C.134.2　208p　19cm

講談社選書メチエ　刊行の辞

書物からまったく離れて生きるのはむずかしいことです。百年ばかり昔、アンドレ・ジッドは自分にむかって「すべての書物を捨てるべし」と命じながら、パリからアフリカへ旅立ちました。旅の荷は軽くなかったようです。ひそかに書物をたずさえていたからでした。ジッドのように意地を張らず、書物とともに世界を旅して、いらなくなったら捨てていけばいいのではないでしょうか。

現代は、星の数ほどにも本の書き手が見あたります。読み手と書き手がこれほど近づきあっている時代はありません。きのうの読者が、一夜あければ著者となって、あらたな読者にめぐりあう。その読者のなかから、またあらたな著者が生まれるのです。この循環の過程で読書の質も変わっていきます。人は書き手になることで熟練の読み手になるものです。

選書メチエはこのような時代にふさわしい書物の刊行をめざしています。

フランス語でメチエは、経験によって身につく技術のことをいいます。道具を駆使しておこなう仕事のことでもあります。また、生活と直接に結びついた専門的な技能を指すこともあります。

いま地球の環境はますます複雑な変化を見せ、予測困難な状況が刻々あらわれています。

そのなかで、読者それぞれの「メチエ」を活かす一助として、本選書が役立つことを願っています。

一九九四年二月　　野間佐和子

KODANSHA

ヘーゲル『精神現象学』入門　長谷川　宏
カント『純粋理性批判』入門　黒崎政男
知の教科書　ウォーラーステイン　川北　稔編
知の教科書　スピノザ　C・ジャレット　石垣憲一訳
知の教科書　ライプニッツ　F・パーキンズ　梅原宏司・川口典成訳
知の教科書　プラトン　M・エルラー　三嶋輝夫ほか訳
フッサール　起源への哲学　斎藤慶典
完全解読　ヘーゲル『精神現象学』　竹田青嗣　西　研
完全解読　カント『純粋理性批判』　竹田青嗣
分析哲学入門　八木沢　敬
ドイツ観念論　村岡晋一
ベルクソン=時間と空間の哲学　中村　昇
精読　アレント『全体主義の起源』　牧野雅彦
ブルデュー　闘う知識人　加藤晴久
九鬼周造　藤田正勝
夢の現象学・入門　渡辺恒夫
熊楠の星の時間　中沢新一

ヨハネス・コメニウス　相馬伸一
アダム・スミス　高　哲男
ラカンの哲学　荒谷大輔
解読　ウェーバー『プロテスタンティズムの倫理と資本主義の精神』　橋本　努
新しい哲学の教科書　岩内章太郎
西田幾多郎の哲学=絶対無の場所とは何か　中村　昇
アガンベン《ホモ・サケル》の思想　上村忠男
ドゥルーズとガタリの『哲学とは何か』を精読する　近藤和敬
使える哲学　荒谷大輔
ウィトゲンシュタインと言語の限界　ピエール・アド　合田正人訳
〈実存哲学〉の系譜　鈴木祐丞
パルメニデス　山川偉也
精読　アレント『人間の条件』　牧野雅彦
快読　ニーチェ『ツァラトゥストラはこう言った』　森　一郎
構造の奥　中沢新一

講談社選書メチエ　日本史

MÉTIER

「民都」大阪対「帝都」東京　原　武史
喧嘩両成敗の誕生　清水克行
日本軍のインテリジェンス　小谷　賢
近代日本の右翼思想　片山杜秀
アイヌの歴史　瀬川拓郎
本居宣長『古事記伝』を読むⅠ〜Ⅳ　神野志隆光
アイヌの世界　瀬川拓郎
戦国大名の「外交」　丸島和洋
町村合併から生まれた日本近代　松沢裕作
源実朝　坂井孝一
満蒙　麻田雅文
〈階級〉の日本近代史　坂野潤治
原敬（上・下）　伊藤之雄
大江戸商い白書　山室恭子
戦国大名論　村井良介
〈お受験〉の歴史学　小針　誠
福沢諭吉の朝鮮　月脚達彦

帝国議会　村瀬信一
「怪異」の政治社会学　高谷知佳
大東亜共栄圏　河西晃祐
永田鉄山軍事戦略論集　川田　稔編・解説
享徳の乱　峰岸純夫
大正＝歴史の踊り場とは何か　鷲田清一編
近代日本の中国観　岡本隆司
昭和・平成精神史　磯前順一
叱られ、愛され、大相撲！　胎中千鶴
武士論　五味文彦
鷹将軍と鶴の味噌汁　菅　豊
戦国日本の生態系《エコシステム》　高木久史
日本人の愛したお菓子たち　吉田菊次郎
国鉄史　鈴木勇一郎
神武天皇の歴史学　外池　昇

日本語に主語はいらない　金谷武洋
テクノリテラシーとは何か　齊藤了文
どのような教育が「よい」教育か　苫野一徳
感情の政治学　吉田　徹
マーケット・デザイン　川越敏司
「社会《コンヴィヴィアリテ》」のない国、日本　菊谷和宏
権力の空間／空間の権力　山本理顕
地図入門　今尾恵介
国際紛争を読み解く五つの視座　篠田英朗
易、風水、暦、養生、処世　水野杏紀
丸山眞男の敗北　伊東祐吏
新・中華街　山下清海
ノーベル経済学賞　根井雅弘編著
日本論　石川九楊
丸山眞男の憂鬱　橋爪大三郎
危機の政治学　牧野雅彦
主権の二千年史　正村俊之

機械カニバリズム　久保明教
暗号通貨の経済学　小島寛之
電鉄は聖地をめざす　鈴木勇一郎
日本語の焦点　日本語「標準形《スタンダード》」の歴史　野村剛史
ワイン法　蛯原健介
MMT　井上智洋
快楽としての動物保護　信岡朝子
手の倫理　伊藤亜紗
現代民主主義　思想と歴史　権左武志
やさしくない国ニッポンの政治経済学　田中世紀
物価とは何か　渡辺　努
SNS天皇論　茂木謙之介
英語の階級　新井潤美
目に見えない戦争　イヴォンヌ・ホフシュテッター　渡辺　玲訳
英語教育論争史　江利川春雄
人口の経済学　野原慎司